JN417188

한국의 전통회화

한국의

전통 회화

홍 선 표 지음

우리 문화의 뿌리를 찾아서를 펴내며

한국의 전통 문화를 세계화하고자 하는 의도에서 기획된 '우리 문화의 뿌리를 찾아서' 시리즈는 다양한 분야에서 연구한 성과들을 국내외에 소개함으로써 우리 문화의 독특함과 보편성을 알리고 세계 속에서 한국 문화의 위상과 학문적 경쟁력을 높이는 데에 그 목적이 있다.

한글과 영어로 발간되는 이 시리즈는 지나치게 학술적인 경향이나 단순한 안내서의 수준을 지양하고 한국의 전통 문화를 이루는 근간을 다양한 사진 자료를 통해 세부적으로 집중 조명해 봄으로써 우리 문화를 폭넓고 깊이 있게 이해할 수 있도록 하는 데에 그 특징이 있다.

이 시리즈는 또한 현대 문명이 유발한 문제점들을 치유하는 대안이 한국의 전통 문화의 본질 속에 들어 있다는 것을 깨닫게 함으로써 세계인들이 한국 문화의 우수성을 올바로 이해하는 데에 크게 기여할 것이다.

2005년 1월

이화여자대학교출판부

책머리에

한국은 선사시대부터 오랜 역사 과정을 거치면서 특유의 미술 문화를 이룩해 왔다. 그림도 선사시대의 암각화에서 지금의 '한국화'에 이르기까지 시대별 변화를 뚜렷하게 보이면서 이어져 왔고, 실재하는 작품들이 이를 입증한다. 이 책은 이러한 한국 전통 회화의 시기별 흐름과 사조적 · 양식적 특징을 약술하면서 그 변천상과 발전상을 개관해 본 것이다.

평면 미술인 회화는 우리의 사유와 신앙과 의례 및 생활 등 삶의 전모를 시각적이며 예술적으로 재현하고 형상화했다는 점에서 각별하다. 어느 미술 분야보다 역사적 변화에 따른 시대상과 사회상을 민감하게 반영하고 구체적으로 묘사했다는 점에서 더욱 그러하다. 조형물 중에서도 당시 사람들의 정서와 이념, 미학 및 예술론 등과 결부된 작가의 의식 세계와 개성이 가장 직접적으로 투영되어 있는 것이다. 회화는 이러한 측면에서 조형 문화뿐 아니라 우리 전통문화의 정수이며 꽃이라 할 수 있다.

한국의 전통 회화는 암각화와 벽화 · 공예화를 비롯해 불화와 무속화 등의 종교화, 궁중 장식화와 민화, 각종 행사도나 계회도 등의 기록화, 그리고 초상화 · 도석화 · 고사화 · 풍속화 · 미인화 · 고전 산수화 · 실경 산수화 · 화조화 · 동물화 · 초충화 · 화훼화 · 사군자 · 기명절지화 등 다양한 갈래로 이루어져 있다. 이 글에서는 이러한 갈래 중 한 화목만 집중적으로 다루지 않고, 그 전모를 조명해 보기 위하여 전통 회화의 역사적 변천 과정을 요점적으로 살펴보고자 한다.

그동안 우리 전통 회화는 식민주의와 반식민주의, 내셔널리즘과 모더니즘과 같은 근대적 혹은 서구적인 이데올로기에 의해 타자화되어 언술된 측면이 적지 않다. 같은 하늘 아래서 동류의 문화를 추구하던 '천하동문'의 동아시아적 국제관계에서 이루어진 당시의 객관적 조건과 사회 · 문화 변동을 주도한 당시 사람들의 사상과 삶의 문맥에서의 실상적 파악이 아직 미진한 때문이다. 이러한 문제의식에서 기존의 서구 모형의 내재적 발전론에서 벗어나 전통 회화의 새로운 통사적 체계화를 간략하게 시도해 보았다.

'우리 문화의 뿌리를 찾아서'의 기획물로 청탁을 받고 얼마가 지났는지 잘 기억이 나지 않지만, 30권 시리즈가 거의 종료될 때까지 원고를 기다려 주고 책으로 만들어 준 이화여자대학교출판부 최민숙 부장님을 비롯한 관계자 여러분께 감사드린다.

2009년 10월

홍 선 표

차례

한국의 전통 회화

Ⅳ. 조선 전기 회화

Ⅴ. 조선 후기 회화

Ⅵ. 근대 이후의 전통 회화

도 1. 반구대 암각화(탁본) 신석기 말기~청동기 전기, 3×6.5m, 경남 울주군 언양면

I. 선사 회화

우리 미술 문화의 형성 과정을 현 주거지 중심으로 살펴볼 때, 한반도에서 2차원적인 평면 위에 물상을 시각화 또는 조형화하는 회화 행위가 시작된 것은 신석기시대에서 청동기시대에 걸친 선사시대이다. 기원전인 이 시기에는 돌이나 청동기와 같은 금석류의 표면에 새겨서 묘사한 그림이 주류를 이루었다. 최근 경남 창녕 부곡면 비봉리의 신석기시대 유적에서 발굴된 토기에 선각되어 있는 멧돼지상과 1999년 부산 동삼동 패총에서 나온 토기 표면의 사슴상이 있지만, 대표적인 작품군은 바위에 새겨 그린 암각화(岩刻畵)이다(도 1). 서양의 회화가 동굴벽화에서 시작되었다면, 한국의 회화는 암각화에서 탄생한 것이다.

한국 회화의 시원, 암각화

암각화는 암화로 부르는 바위 그림의 하나로, 바위 면에 붉은 안료 등을 사용해 그리는 암채화와는 달리 표면을 강도 높은 석기나 금속기를 사용하여 음각해 나타낸 것을 말한다. 암벽이나 암석면을 쪼거나 갈아서 새기는 패킹(Packing)과 그라인딩(Grinding) 기법으로 제작된 암각화는 영남 지역을 중심으로 한반도의 동남부에 주로 분포하며 현재 15구의 유적이 알려져 있다(임세권, 1997).

한반도의 선사인들은 신성시하던 바위의 표면에 생존의 소망을 담아 형상을 새기며 회화 활동을 시작했다. 이 형상들은 주로 윤곽선만 쪼아 새긴 선각(線刻)과 모두 쪼아 새긴 면각(面刻)의 새김 기법으로 표현되었다. 그리고 대상물의 전체적인 모습을 최대한 요약한 2차원적인 도상 문자형으로서의 조형적 특징을 지닌다. 원시미술과 결부된 사냥 예술과 제의(祭儀) 예술 등의 뜻이 담겨 있는 이러한 이미지는 신화적 혹은 민속적 측면에서 해석되기도 한다. 이것은 문자를 사용하기 전의 표의적인 회화로서, 초월적인 힘을 지닌 신령이나 정령과 소통할 수 있는 주술성과 매개적 기능을 지닌 영매성(靈媒性)을 발휘하는 데 더 효험적이라는 믿음과 함께 전개된 것으로 생각된다(홍선표, 2001).

신석기시대 말기에서 청동기시대 전기에 제작된 것으로 추정되는 초기 암각화의 대표적 유적인 울주군 반구대에는, 대곡천의 북쪽 암벽 하단의 세로 3m 가로 6.5m 크기의 수직면에 고래와 호랑이 · 사슴 · 멧돼지 등 바다와 육지 동물이 300점 가까이 새겨져 있다(도 1 참조). 세계 미술사에서 신석기시대부터 본격적으로 등장하는 인물상도 10여 점 정도 보인다. 이 형상들은 선각과 면각 기법이 중첩되어 있는 등 제작 시기를 달리하며 혼재되어 있다. 두 기법의 선후 관계에 대해서는 기존의 면각 선행설보다 새롭게 제기된 선각 선행설이 더 유력시된다(김호석, 2008). 양식적으로 북부 중국과 몽고, 러시아 알타이 지역을 비롯한 북방 아시아 암각화와 관련이 있으며, 울주 천전리 암각화와 청동제 의기(儀器)류의 무늬 그림인 공예화로 일부 계승되었고, 일본 야요이 시대의 동탁(銅鐸) 문양에 영향을 미친 것으로 보기도 한다.

동물 형상 중에는 내부를 투시하여 내장 부위까지 그린 북유럽과 시베리아식 렌트겐 화법으로 파악되는 것도 있으나(특징적인 무늬를 표현한 것으로 보기도 함), 대부분 대상의 형태적 특성을 기억된 이미지와 개괄하여 기본적인 특징만을 정태적으로 나타냈다. 지각성과 표현성을 함께 반영한 것이다. 이미지를 요약하기 위해 원거리에서 바라본 시각으로 포착된 형상이며, 묘사 공간의 2차원적인 평면성에 지배받았기 때문인지 주로 측면상으로 새겨져 있다. 뿔이나 귀 · 다리 등에는 단일 시각이 아닌 복수 시점의 원시 왜곡법이 일부 반영되기도 했으나 몸체는 측면으로 다루어졌다.

수렵과 어로의 생업 단계와 결부되어 있는 바다와 육지 동물의 포획 장면과 새끼 밴 모습은 원시미술론에 의거하여 식량원에 대한 사냥의 성공과 다산 및 번식의 소망을 반영한 것으로 해석되며, 교미하는 형상으로 볼 수 있는 사례도 눈에 띈다. 육지 동물은 주로 암벽면 오른쪽에 새겨져 있다. 왼쪽 부분에 집중적으로 묘사된 여러 종류의 고래들과 고래잡이 장면은 동아시아 유일의 해양계 암각화로 주목받고 있다. 이것은 울주 지역의 인근 바다가 고래 서식처로 유명한 것과 동남 해안의 신석기 패총에서 고래 유체가 발견되는 것과 관련이 있을 것이다. 고래 중에는 관찰력을 발휘하여 꼬리를 치며 생동하는 모습으로 묘사된 것도 있다.

고래떼의 하단에 면각법으로 새겨진, 두 팔과 다리를 거의 일직선으로 벌리고 손가락과 발가락을 과장시킨 인물상(도 2)은 어로(漁撈)의 성공과 풍어(豐漁)를 기원하는 개구리형 샤먼상으로 해석된다. 물과 육지를 오가는 양서류인 개구리와 유사한 형태로 표현된 샤먼상은 인간계와 영계(靈界)의 매개성을 강화시킨 이미지로, 유라시아와 중국 및 몽고, 시베리아와 북미 지역에 분포된 국제 양식과 공통된 경향을 보인다.

중기 암각화로 생각되는 울주군 천전리 유적지 암벽에는 고래류는 사라지고 육지 동물과 물을 상징한 것으로 추측되는 동심원 등의 부호형 도상이 함께 묘사되어 있다(도 3). 중첩된 층위와 새김법에 의해 전자는 청동기시대 전기에, 후자는 청동기시대 후기에서 말기에 걸쳐 제작된 것으로 추정된다. 스키타이 미술의 모티프와도 관련성을 보이는 암수 두 마리가 머리를 마주하고 서 있는 사슴의 형상은 생산의 풍요를 기원하며 새겨진 것으로 해석되기도 한다. 대상물의 특징적인 부위만을 나타내거나 반(半)추상적으로 생략된 묘사는 부호화의 앞 단계인 개념의 집단적 표상화 현상이 아닌가 싶다.

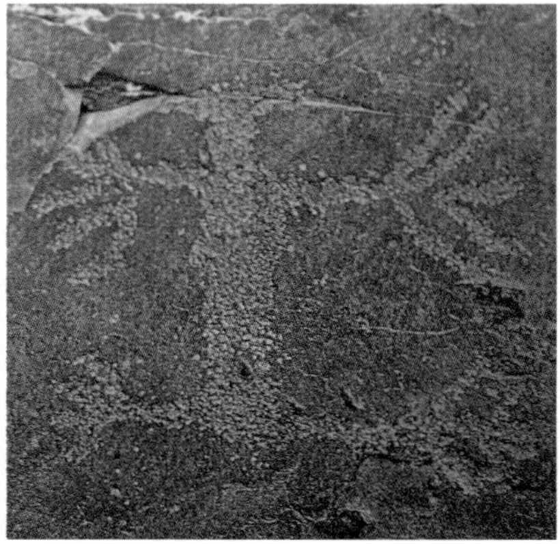

도 2. 인물상 반구대 암각화 세부

곡선과 직선으로 이루어진 추상적인 형상은 둥근 원을 겹쳐 나타낸 동심원을 비롯해 지그재그 모양의 겹선과 회오리 형태, 마름모꼴 등으로 새겨져 있다. 이들 부호형 도안의 상징성에 대해서는 여러 견해가 있지만 생명의 근원인 물의 파문과 흐름, 바람, 그리고 재해를 막는 벽사적(辟邪的)인 기호를 각각 의미하는 것으로 보는 해석이 유력하다. 이 밖에 부정형의 추상적인 형상들에 대해서는 볍씨나 둥근 뿌리류 · 도토리 · 꽃 등의 식물 도안으로 보는 견해도 있다(김호석, 2008).

후기 암각화는 초기 철기시대가 시작되는 청동기시대 말기에 제작

도 3. 천전리 암각화(부분) 청동기 전기~말기, 2.7×9.5m, 경남 울주군 두동면

된 것으로 추정되며, 방패나 칼의 손잡이처럼 생긴 도상이 주류를 이룬다. 사다리꼴 도형에 내부를 짧은 선과 점으로 장식하여 구성한 이러한 부호에 대해, 태양신의 얼굴상이나 신체상으로 보는가 하면, 초기 국가의 발생과 더불어 지배층의 권위를 상징하는 의식용의 치장 도끼로 보는 등 다양하게 풀이되고 있다. 이 부호는 고령 양전동 암각화에서 동심원과 함께 대두되어 포항 칠포리 암각화에서 전형화된 뒤(도 4) 경주 석장동과 영천 보성리 등지의 유적으로 이어지면서 점차 단순하게 처리되었다. 이러한 후기 암각화는 독자적으로 대두되어 전개된 측면이 있기 때문에 한국형 암각화라고 부르기도 한다.

도 4. 칠포리 암각화(A 암면 부분) 청동기 말기, 2×3m, 경북 포항시 흥해읍 곤륜산

청동기의 공예화

기원전 5~4세기경부터 시작되는 청동기시대 말기 또는 초기 철기시대에는 의례 행사에 사용된 것으로 생각되는 청동기 의기류의 표면에 새겨진 선각 문양인 공예화를 통해 선사 회화의 마지막 발전상과 변화상을 엿볼 수 있다. 읍락 사회인 소국에서 소국 연맹 단계를 거쳐 초기 고대 국가로의 발전이 진행되면서 추상성의 심화와 함께 새로운 구상성으로 갱신되는 변화를 보이기 시작한 것이다. 꼭지가 2개 달린 가는 줄무늬 구리 거울인 한국식 특유의 〈다뉴세문경〉에는 탁월한 기술력과 치밀한 제도력에 의해 후기 암각화에서 볼 수 있는 동심원과 삼각형 등의 추상적인 부호형 문양이 불가사의할 정도로 정밀하게 다루어져 있다.

이에 비해 〈농경문 청동기〉는 추상성에서 벗어나 구체적인 형상으

도 5. 〈농경문 청동기〉(뒷면) 청동기 말기, 7.2×12.8cm, 국립중앙박물관

로 표현되었다. 앞면에는 조류 숭배 사상을 반영하여 나뭇가지에 앉은 새를 '절지(折枝) 화조도'와 같은 구성으로 나타냈다. 뒷면은 표면을 구획하여 오른쪽에 밭가는 모습을, 왼쪽에는 수확물을 그릇에 저장하는 장면을 연속적인 이야기의 구성 요소로서 구상화(具象化)하여 묘사하였다(도 5). 밭은 사각형으로 시각적인 원근에 의한 형상이 아니라 실제의 크기대로 그린 고대 조형법을 반영했다. 그리고 자연의 암벽에 새기던 것과 다르게, 인공의 제조물에 나타내면서 테두리를 설정하는 화면 개념의 대두와 더불어, 구도와 전개 방향을 의식하기 시작한 것으로 보인다. 머리에 새 깃털을 꽂고 성기를 노출한 채 따비로 밭을 가는 모습은 풍요를 기원하는 주술적 행위로서의 제의성과 함께 생활 풍속을 담은 서사적인 인물상의 표현 등을 통해 고대 회화로의 이행을 예고해 준다.

Ⅱ. 삼국시대 회화

삼국시대에는 고구려(기원전 37~668)와 백제(기원전 18~660) · 신라(기원전 57~992) 등 세 나라에 의해 고대 국가로의 발달과 함께, 지배층의 신분적 위세를 과시하기 위해 궁궐을 비롯한 주거 건물과 복식 등을 장엄화하는 것이 중시되었다. 『삼국사기』에 의하면, 기원전 32년 신라 시조 박혁거세가 금성에 궁궐을 본격적으로 조영하기 시작했으며, 300년에 고구려 봉상왕은 "궁실이 장려하지 않으면 위엄을 보일 수 없다"며 크고 화려하게 조영한 바 있다. 강력한 지배 체제의 고대국가와 초혈연적 계급 사회의 권위와 질서를 강화하기 위해 성소(聖所)와 치소(治所)로서의 궁궐을 장식하는 기능과 더불어, 영험을 나타내고 교화를 이루기 위해 실제적 형상을 담아 보존하는 재현의 매체로 그림을 중요하게 여기게 되었던 것이다. 이에 따라 전문적인 기량을 갖춘 화공(畵工)이 등장하게 되었으며, 붓과 먹 · 채색 등을 사용하여 신기한 능력으로 인식된 새로운 미학과 조형의 사실적인 화풍이 전개되기 시작하였다(홍선표, 2001).

화공은 국가기관 등에 소속되어 '관장(官匠)' 또는 '국공(國工)'으로 육성되고 활동한 것으로 생각된다. 백제에서는 화공을 비롯해 특정 기술에 뛰어난 사람을 박사라는 칭호를 주고 국가 조직 안에 편성했다. 신라는 채전(彩典)과 같은 도화 기구를 설립해 운영하기도 했다. 일본 고대 도다

이지(東大寺)의 사례 등으로 미루어 보아 큰 사찰에도 화공이 있었을 것으로 추측되며, 화승도 존재했을 것이다. 이들 화공 중에는 일본에 건너가 활동하여 이름을 남긴 사람도 있다. 그 가운데 463년경 도일한 백제의 인사라아는 일본 최초의 화가로 『일본서기』에 기재되었다.

4세기 후반부터 불교 미술이 유입되고, 백제에서 양나라 화공을 초청하면서 6세기 전반 무렵 사물의 실물감에 따라 입체적으로 묘사하는 장승요(張僧繇)의 요철법(凹凸法)이 전래되면서 사실력은 더욱 향상되었다. 645년 무렵 중창이 완료된 경주의 황룡사 벽에 솔거가 그린 '노송도(老松圖)'를 보고 새들이 실물로 착각하고 날아들었다는 『삼국사기』의 기록은 고대의 사실적인 양식이 급진전되었음을 말해 준다. 벽화가 대종을 이루었지만 고구려 고분벽화의 무덤 주인 초상이 그려진 장막 아래 쳐 있는 병풍으로도 알 수 있듯이, 병풍 그림과 함께 두루마리와 족자 그림인 권축화(卷軸畵)도 등장했을 것으로 추측된다. 건축이나 공예의 부속물로서의 기능과 함께 점차 이동할 수 있는 작품 형식이 대두되고 예술 장르로 독립되면서, 갈래의 분화로 인물화와 동물화가 회화 창작을 주도하는 새로운 발전 단계를 보여주기에 이른다.

고구려 고분벽화의 변천과 파급

삼국시대의 회화는 궁궐과 사찰 등의 그림이 발전을 주도했을 것으로 생각되지만 건축물의 소멸과 더불어 모두 사라져 버렸고, 이 시기의 작품으로 거의 유일하게 남아 있는 고구려 고분벽화를 통해 대체적인 변천상을 엿볼 수 있다. 현재 118기 가량 알려진 무덤 속의 벽화는 북방 기마 유목 민족들에 의해 중국의 중앙 권력이 약화되면서 일어난 내전을 틈타

고구려가 만주 요양 지역으로 진출을 시도하여 동북아시아의 강대국으로 부상하기 시작하던 4세기 무렵부터 300여 년에 걸쳐 조성된 것이다. 이러한 수량은 한대에서 요대까지 10여 세기에 걸쳐 만들어진 중국의 90기보다 많은 동아시아 최대의 고분벽화군을 이룬다. 초기의 고분벽화에 다루어진 중무장한 기병대와 기마대 · 고취악대 등으로 구성된 행렬도의 경우 250명이 넘는 대규모로 후한과 위진남북조시대 중국의 고분벽화보다 더 다양하고 많은 군상으로 묘사되기도 했다(도 6).

영혼의 승천으로 내세에서 영생을 구했던 지배층의 계세(繼世) 사상 및 후장 풍습과 결부되어 죽은 이의 집인 유택을 장엄하는 동아시아 장의(葬儀) 예술로서의 공통성과 함께 고구려식의 표현 양식을 지닌 이러한 벽화에는 묘주 부부상과 사신도(四神圖)를 비롯해 신화와 설화, 풍속 및 행사 등과 관련된 다양한 인물상과 동물상, 상징 문양 등이 그려져 있다(전호태, 2000). 이 그림들은 가옥의 방처럼 만든 횡혈식(橫穴式) 봉토분 석실 안의 회벽이나 석벽 바탕에 짐승 털이나 대나무 또는 가죽으로 만든 모필과 죽필 · 혁필 등으로 제작되었으며, 고구려 특유의 강한 기상과 국제적 감각을 발휘해 힘차면서도 활달한 화풍이 돋보인다. 고구려 고분벽화는 4세기 전반경부터 3세기 간에 걸쳐 대체로 1세기 간격으로 변화하며 전개되었다.

초기의 벽화 고분은 전연(前燕)에서 망명하여 대방 지역의 태수를 지낸 동수(冬壽)의 무덤으로 357년에 조성된 황해도 안악3호분과 하북성 출신의 귀화인으로 광개토대왕의 최측근이었던 중리도독을 지낸 유주자사 진(鎭)의 무덤인 408년의 평남 덕흥리고분이 대표적이다. 그림은 이들 무덤의 앞방인 전실과 관을 안치하는 널방인 현실 또는 후실을 중심으로 측실이 딸린 여러 실내 공간으로 이루어진 다실묘와 측실이 없는

도 6. 〈기마행렬도」(선모사도 부분), 고구려 357년, 황해남도 안악3호분 회랑

도 7. 〈묘주 초상〉 고구려 357년, 황해남도 안악3호분 전실 서측실

도 8. 〈부인상〉 안악3호분 전실 서측실

양실묘의 벽면과 천장에 그려져 있다. 벽면과 천장면의 제재는 이원적으로 구성되어, 벽면에는 기념할 만한 생전의 행사나 묘주의 사후 공양과 관련된 생활 및 풍속 장면을 다루었다. 삼각 고임의 말각 조정법이나 궁륭형 등으로 사발 모양의 하늘을 상징하며 원추형처럼 구축된 천장면에는 승천할 천상 세계를 주로 묘사하였다. 풍속 생활 장면은 수레를 탄 묘주상과 기마 인물상 등을 한대의 벽화에서처럼 층층이 배열한 대규모 행렬도가 중심을 이루고 있다. 묘주의 음식 공양을 위한 주방을 비롯해 마구간과 외양간도 이 시기에 주로 다루어졌다.

후한 말기부터 고분벽화의 핵심 제재로 등장한 묘주상은 대부분 휘장을 둘러친 장방(帳房) 안의 평상에 앉아 정면을 응시하는 단독 좌상으로 그려졌으며, 안악3호분에서 볼 수 있듯이 신상(神像)의 이미지처럼 엄숙하거나 근엄한 모습이다(도 7). 주변에 시립한 인물들과는 신분이 높은 사람을 더 크게 그리는 고대 인물화 특유의 위계 묘사법에 의해 크기만 서로 다를 뿐, 얼굴 생김새는 거의 비슷하게 표현되었다. 대상 인물을 닮게 나타내는 초상화의 특성이 아직 발휘되지 않았음을 알 수 있다. 이처럼 정면관으로 도식화된 형상은 죽은 뒤 사후의 세계로 삶이 이어져 지속된다는 영혼불멸의 계세 사상에 의해 상징적 의미가 강조된 영생의 이미지로서 유형화된 것이 아닌가 싶다.

안악3호분에는 묘주의 부인상도 그려졌는데 옆 벽면에서 묘주상을 향해 약간 측면상을 하고 있으며, 주위의 시녀상들과 마찬가지로 보름달형의 풍만한 용모로 묘사되어 있다(도 8). 이처럼 살찐 후육형의 풍채 좋은 여성상은 풍요와 재생력을 지닌 지모신(地母神)과 최고의 여성 신선인 서왕모(西王母)의 이미지를 반영한 것으로 보이며, 당나라의 비만형 미인상과 결합되어 부여 정림사터 출토의 흙으로 구워 만든 여성상과 통일

도 9. 덕흥리고분 전실 서편 천장 벽화 고구려 408년

신라시대 사경 변상도의 보살상으로 이어졌다.

안악3호분의 벽화가 주로 지금의 요령성 지역인 요양지방의 후한과 위 · 진 시기 전통과 결부되어 묘사되었다면, 50년 후에 조성된 덕흥리 고분 벽화는 중국의 감숙성 등 먼 서북 지역까지 범위를 넓혀 정보를 수집하여 좀 더 다양한 요소를 흡수하면서 새로운 경향과 함께 고구려적인 특징을 한층 두드러지게 나타내고 있다. 덕흥리 고분벽화를 통해 산악문과 수목문 등의 산수화적인 모티프와 고구려에서 특히 발전하게 되는 사냥하는 장면이 등장했으며, 전실 천장면에는 해와 달, 별과 함께 다른 지역에서 보기 힘든 견우와 직녀, 옥녀를 비롯해 상서로우면서 기이한 형상의 괴수와 괴금류를 묘사하여 천상 세계를 선계(仙界)와 이계(異界)의 비상(飛翔)하는 도상들로 가득 채워 환상적으로 꾸몄다(도 9). 수렵이나 활쏘기 시합 장면에서 말을 타고 달리며 뒤로 몸을 돌려 안식국 기사법(安息國騎射法)인 파르티안 샷으로 활을 쏠 때 말도 함께 고개를 돌린 모습은 고구려화된 표현이다(도 10). 전실 천장면의 도형들은 벽면에 그려진 엄숙하고 경직된 인물상과 달리 개략적인 윤곽선으로 만화처럼 그려진 부분도 있지만, 굵고 가늘게 억양을 준 필선으로 보다 활기차게 묘사되어 대조를 이룬다.

427년 평양 천도 후의 변화와 발전상을 반영하고 있는 중기 벽화는 각저총과 무용총 · 장천1호분 · 쌍영총 · 수산리고분 등이 대표적이다. 양실묘에 묘사된 벽화들에는 옛 수도인 집안과 새 수도인 평양의 지역적 특성이 반영되어 있기도 하다. 집안 지역의 벽화에는 서역적인 요소들을 결합하여 발전시킨 고구려적인 특징이 좀 더 두드러진다. 묘주상은 부인과 함께 나란히 앉아 있는 모습으로도 그려졌는데, 신상처럼 정면상으로 묘사되거나 생활 풍속의 한 장면으로 표현되기도 했다(김원용, 1980). 대

도 10. 〈기사도〉 고구려 408년, 평안남도 남포시 덕흥리고분 전실 동편 천장

규모의 공식적인 기마행렬도 대신 소규모로 나들이하는 모습의 병렬식 출유도(出遊圖)가 등장하였고, 풍속 장면도 서역에서 전래된 백희잡기(百戲雜技)와 결부되어 무용과 씨름 · 곡예 등 내용이 더 풍부해지고 다양해졌다. 집안 지역의 각저총과 장천1호분 등에 등장하는 코가 큰 인물들을 이러한 백희잡기를 공연하던 서역계 유랑 연예인으로 보는 견해도 있다. 천장에는 고구려 벽화에서만 볼 수 있는 쌍둥이 연화화생상을 비롯해 갈라진 날개옷을 입은 선인형(仙人形) 비천 및 천의를 휘날리며 나는 불교의 비천과 불상을 예배하는 장면이 그려지는 등, 불교적인 모티프가 증가하였다. 그리고 사신도가 천장부에 등장하기 시작했으며 장식문양 벽화가 대두하기도 했다.

도 11. 〈기마무사도〉 고구려 5세기 후반, 평안남도 남포시 쌍영총 연도

이 시기 고분벽화의 인물상들은 기마수렵 도상을 비롯해 얼굴이 비교적 길거나 둥글고 턱이 두텁게 생긴 용모와 새 깃털을 꽂은 고깔 모양의 모자 및 점무늬 옷과 색동 주름치마 등의 복장을 통해 고구려적인 특징을 나타냈다. 쌍영총에서 발견된 〈기마무사도〉(도 11)는 이러한 특징과 함께 강하고 확신에 찬 필선으로 구체적이면서 자연스럽게 그려져 있어 한층 진전된 묘사술을 보여준다. 특히 굴레와 판비 및 인수를 비롯해 경식 안장과 등자, 운주와 행엽에 이르기까지 각종 마구류를 모두 구비한 상태로 그린 것과 말다리에서의 비절과 구절 같은 관절 부위와 거모 및 발굽의 세부를 사실적으로 나타낸 것, 대퇴부에 보이던 고식의 소용돌이형 와문이 사라진 것 등은 각저총과 무용총 · 장천1호분, 개마총의 말그

도 12. 〈마동도〉 고구려 5세기 후반, 황해북도 연탄군 송죽리고분

림과 같은 양태로 초기의 화풍과 획기를 달리하는 것이다(홍선표, 2001). 그리고 수산리 고분 〈귀부인도〉의 단아한 기품과, 유려한 선으로 그려진 송죽리 고분 〈마동도〉(도 12)의 해맑은 모습은 인물상의 숙달된 묘사와 함께 감성까지 표현되어 있어 평양 천도 후에 새롭게 꽃핀 고구려 미술의 발전상을 보여준다.

후장 풍습이 약해지면서 방 하나인 단실묘로 축소된 강서대묘와 진파리1호분 · 통구사신총 · 오회분4호와 5호묘 등에 그려진 후기 벽화는 묘주상을 비롯해 생전의 풍속 장면이 사라지고 천장부에 있던 청룡과 주작 · 백호 · 현무 등 사신도가 내려와 사방 벽면의 중심을 이루었다. 사신도가 동서남북 사방위를 수호하는 신령스러운 동물로 벽면을 지배하는 주제로 부각된 것도 고구려적 현상이라 하겠다. 벽면과 천장을 지상과 천상으로 구별한 기존의 이원적 구성에서 무덤 전체를 일원적인 관점에서 다루고자 한 것이 아닌가 싶다. 천장 면에는 각종 신선과 신화적인 도교 인물상이 주로 묘사되었다. 이 시기 지배층의 신앙 변화와 결부되어 벽화의 모티프들이 중기의 불교적인 경향에서 도교적인 제재로 상당 부분 바뀐 것이다. 흰 학을 탄 선인상은 도교 신앙의 확산과 더불어 후기에 많이 그려진 것으로, 날개옷을 입은 신선이 활 쏘는 무사상에서처럼 상체를 돌려 뒤를 돌아보고 있는 도상은 고구려 고분벽화에서만 볼 수 있는 특징이다. 천장 중앙의 가장 높은 막음 판석에 황룡이 묘사된 벽화의 경우 사신도와 오방(五方)을 이루며, 일월성진의 별자리와 함께 그려진 신화적 인물상 등과 더불어 고구려 중심의 천하관과 결부된 우주관의 독자적인 구현물로 보기도 한다(김일권, 2008).

동물상과 인물상은 비약적으로 발전한 중국 남북조 미술과의 교류를 통해 기교상의 혁신과 함께 크게 향상된 사실력으로 그려져 있다. 수목

도 13. 〈현무도〉 고구려 6세기 후반, 중국 집안현 통구사신총 현실 북벽

도 14. 〈현무도〉 고구려 6세기 말, 평안남도 남포시 강서대묘 현실 북벽

과 산악의 양감과 공간감의 표현도 훨씬 진전되었으며, 채색도 오방색을 선명하게 구사하여 화려하면서 환상적인 느낌을 준다. 벽면을 채운 장식 문양과 형상들도 유려하면서 역동감이 넘친다. 특히 운간법(暈襉法)과 훈염법(暈染法)의 고대 채색법을 구사하여 묘사된 통구 사신총 북벽의 〈현무도〉(도 13)는 뱀과 거북이 서로 뒤엉켜 연출하는 힘찬 움직임과 파도치듯 일렁이는 주변의 율동적인 비운문(飛雲文)들이 어우러져 강렬한 활력감과 함께 극적인 효과를 주고 있어 감동적이다. 이에 비해 평원왕(559~590)의 능묘로 추정되는 강서대묘의 〈현무도〉(도 14)는 원숙함과 신비로운 생동감이 동아시아 사신도 예술의 또 다른 극치를 보여준다.

고구려 고분벽화의 제재와 화풍은 현재 몇 점 남아 있지 않지만 백제와 신라, 가야의 고분벽화 및 공예화에 부분적으로 영향을 미쳤다. 이것은 백제 후기 능산리 고분벽화의 사신도 및 비운문과 〈백제금동대향로〉의 문양들, 경주 황남동의 155호분에서 출토된 흙받이 말다래인 장니(障泥)의 무늬로 그려진 신라 천마도, 539년 이전에 조성된 것으로 보이는 경북 순흥 읍내리의 기미년명 고분벽화, 고령 고아동의 6세기경 가야 고분벽화의 연화문 등을 통해 확인할 수 있다. 628년 진평왕 때에 기우제를 지내기 위해 제작된 용그림은 고구려 후기의 반용(盤龍)이나 교룡(蛟龍)의 화풍과 유사했을 것으로 생각된다. 7세기 백제 후기의 사비시대에 제작된 것으로 추정되는 부여 군수리 출토의 〈산수문전〉(도 15)은 곤륜산의 세 봉우리에서 유래된 삼산형 산악도와 토산과 암산을 구별하고, 식생(植生)의 자연물로서 수목을 포치하여 구성한 고구려 후기의 수법에 토대를 두고 만든 것이다. 좌우 대칭의 도안풍 공예 문양으로 다루어졌지만 인물이나 동물의 부속경이 아닌 산수가 중심이 되어 독립된 주제를 이루었다는 점에서 산수화의 본격적인 대두를 예고해 준다.

도 15. 〈산수문전〉 백제 7세기 전반, 29.6×28.8cm, 국립부여박물관

고구려 유민들이 지배층을 이루며 만주 동쪽의 송화강 유역에 세운 발해의 고분벽화는 당나라에 거의 동화되어 고구려 전통을 찾아보기 힘들지만, 일본의 고훈 및 아스카시대와 하쿠호시대의 고분벽화와 장식 문양에 영향을 준 것으로 보인다. 후쿠오카 지역의 6세기경 장식 고분의 선각 벽화와 채색 벽화에 보이는 말 그림과 말을 끄는 견마상을 비롯해, 622년경 고구려의 가서일(加西溢) 등이 참여하여 밑그림을 제작한 〈천수국수장(天壽國繡帳)〉과 7세기 중엽경의 〈옥충주자(玉蟲廚子)〉, 7세기 후반과 말경의 다카마쓰와 기토라 고분벽화 등에 고구려 벽화의 요소가

부분적으로 간취된다(안휘준, 2000).

한편 불교 회화의 경우 375년 이불란사(伊佛蘭寺)와 같은 사찰이 고구려에 처음 건립되면서 제작되기 시작했을 것이지만 모두 인멸되어 파악할 수 없다. 588년경 일본에 건너 간 백제의 박사인 백가와 양고가 아스카지(飛鳥寺)의 천장화 제작에 참여한 것으로 알려졌고, 고구려의 승려 담징이 610년에 호류지(法隆寺)의 금당 벽화를, 653년에 고구려 화사 자마려가 센겐지(川原寺)의 불보살상을 그린 것으로 전해지는 등, 일본의 고대 회화와 불교 회화 전개에 기여한 관계를 통해 발전상을 짐작할 수 있을 뿐이다.

통일신라의 회화

668년 삼국을 통일한 신라의 회화는 불교의 융성으로 종교 미술과 결부되어 발전했으며, 솔거에 의해 황룡사에 그려진 '노송도'에 관한 일화로도 알 수 있듯이 영험력과 교화력의 확장을 위한 사실적인 형사술(形似術)의 기반 위에서 전개되었다. 『삼국유사』에 기재된 이 시기의 '53불도'나 '천수관음도'·'11면관음도'·'미륵보살도'·'보현보살도' 등의 불교 화상들도 꿈속에서 본 것을 그대로 그릴 수 있는 능력을 지닌 솜씨와 계시나 천제(天帝)의 가르침으로 그려진 신이한 영험물로 부각되어 있다. 이러한 교화적 사실력은 연맹국이었던 당나라에서 596년에 그림 병풍을 예물로 신라 왕실에 보내오는 등, 중국 미술의 첫 번째 절정기로 손꼽히는 당나라 회화와의 교류에 의해서 도약했을 것으로 짐작된다. 신라 출신의 김충의가 '오가양(吳家樣)' 즉 오도자(吳道子) 계열 화가로 중국 기록에 전하는 것으로 보아, 당나라 시대의 불교와 도교계 인물화를 대성시킨 그의 도석화풍도 수용했을 가능성이 높다. 정원 연간(785~804)에는 당나라 궁정풍의 세련된 사녀(仕女) 인물화 화가로 가장 유명했던 주방(周昉)의 작품을 가격에 구애받지 않고 많이 사 들여오기도 했다. 주방 그림의 구입은 아마도 당나라에 미녀를 공물로 보내던 원성왕 8년(792) 무렵이 아니었나 싶다.

통일신라의 회화도 724년의 '지초생화도(芝草生畵圖)'를 비롯해 당나라에 선물로 증정되었고, 일본에는 686년과 752년의 사례를 통해 알 수 있듯이 다자이후(大宰府)를 통해 병풍 그림을 수출하는 등 국제적 양상을 띠게 되었다. 8세기 중엽경 경덕왕 때에 잡공사(雜工司)에서 만들어 보낸 공예품을 보고 당나라 황제 대종이 "신라의 기술은 하늘이 만든 것이지 인간이 만든 것이 아니다"라고 극찬했을 정도로 세공술이 신묘했던 것으로 보아 이러한 교역물 회화의 정교함도 매우 뛰어났을 것으로 생각된다. 8세기의 나라시대에 수장된 쇼소인(正倉院)의 병풍류를 비롯한 화적들 중에는 통일신라 유물일 가능성이 있는 작품도 포함되어 있어 이를 통해서도 살펴볼 수 있다. 특히 〈마포보살도〉의 경우 스카프형 천의가 바람에 펄럭이는 양태와 묘사법, 손 모양과 자세 등이 경주 원원사지 석탑의 12지신상 가운데 '돼지상'과 유사하다고 보고 통일신라시대 작품이 아닐까 추정하는 견해도 있다(김홍남, 2008).

한편 최치원(857~ ?)은 농마도(弄馬圖)와 봉래산도를 비롯해 그림에 대한 느낌이나 생각을 제화시를 통해 표명했는가 하면, 고구려 출신으로 짐작되는 발해의 관리 고지(高至)와 복선사 승려 졸(脺)은 서화 감식과 수장가로 당나라의 『역대명화기』에 이름을 남긴 바 있다. 주방 작품의 구입 사실과 함께 그림이 수집과 감평의 대상으로 대두되기 시작했음을 말해 주는 것이다. 그리고 헌강왕(재위 875~885)의 일화와 결부되어

『삼국유사』에 전하고 있듯이, 처용(處容)의 형상을 문에 붙여 악귀를 물리치고 경사를 맞아들이는 '벽사진경(辟邪進慶)'의 기능을 지닌 문배 그림의 전통이 수립되기도 했다. 역귀를 퇴치하는 능력을 지닌 주술신으로서 기이한 외모의 이방인 처용이 중국의 나례신인 종규(鐘馗)와 유사하게 고대 한국의 문신(門神)이 되어 조선 초기까지 이어지면서 정초에 액막이로 대문에 붙이는 채색 문그림[門畵]과 세화(歲畵)를 비롯한 민화류의 원류를 이루게 된다.

그러나 현재 통일신라 회화로는 754년 의본과 정득 등에 의해 제작된 〈대방광불화엄경 변상도〉와 〈신장상〉의 잔편이 유일하게 전한다. 이것은 실차난타 번역의 80화엄경 사경 두루마리 중 43~50권 앞에 표지화처럼 붙어 있던 사경화로, 등황색의 닥종이에 금가루와 은가루를 아교물에 개어서 만든 금니와 은니를 사용하여 명확한 윤곽선만으로 매우 섬세하게 나타낸 선의 예술인 백묘풍(白描風)의 그림이다. 표지 뒷면의 보살상(도 16)은 오도자와 당나라의 궁정화풍에 토대를 두고 꽃을 피운 우아한 '이상적 사실주의' 양식을 반영하고 있다. 일본 나라시대의 화풍과도 유사하며 불교 미술의 황금기를 구가하던 8세기 동아시아 국제 양식의 난숙함을 함께 보여준다. 표지 앞면 신장상(도 17)의 가볍게 펄럭이는 옷 띠 자락과 탄력적인 옷 주름에도 오도자의 전칭작인 석각본의 〈산귀도〉 등에서 볼 수 있는 오대당풍(吳帶當風)과 난초 잎처럼 그리는 난엽묘의 기법이 한결 유창하게 구사되어 있다. 신장 주위의 파상형 불꽃 무늬와 보상화문이 어우러져 시각적인 리듬감과 함께 생동하는 화면 공간을 만들었다. 구부린 다리와 두드러진 알통 근육, 힘이 들어간 무릎 뼈의 융기부 양태 또한 해부묘(解剖描)에 의해 사실적으로 묘사되었으며, 고려시대 사경화의 신장상들로 계승되어 점차 형식화의 길을 걷게 된다(권영필, 2000).

도 16. 의본 외 〈대방광불화엄경 변상도〉(백지묵서대방광불화엄경 표지화 뒷면 부분)
통일신라 755년, 닥종이에 금니, 26×23cm, 삼성미술관 리움

도 17. 의본 외 〈신장상〉(백지묵서대방광불화엄경 표지화 앞면 부분)
통일신라 755년, 닥종이에 은니

Ⅲ. 고려시대 회화

고려시대(918~1392)를 통해 회화는 불교를 토대로 꽃피웠던 고대의 전통을 이어 받아 전개되었다. 통일신라시대에 절정을 이룬 것으로 생각되는 불화의 정교한 묘사력은 사경변상도와 법화경 보탑도 등과 함께 아미타여래도를 비롯한 수월관음도와 지장보살도 등, '탱화' 형식의 걸개 작품으로 이어졌다. 중국에서도 정밀하고 화려한 것으로 높이 평가하였던 고려 불화는 청자와 함께 고려시대 미술의 세계적인 우수성을 대변한다. 그리고 이 시기를 통해 궁정 회화를 비롯한 원체풍 채색화와 함께 신흥 엘리트 문사들의 문예적 취향과 결부되어 새로운 미학의 출현을 가져오게 한 세속적인 감상용의 일반 회화가 본격적으로 대두되었다. 이러한 일반 회화의 발전은 조선시대 회화 전개의 초석을 이루면서 한국 회화 전통의 새로운 원류를 형성한 의의를 지닌다.

고려 불화의 특징

고려는 불교의 힘으로 왕조를 창건했다고 믿었기 때문에 건국 초부터 불교를 국교로 숭상하며 불사를 크게 일으켰다. 불화도 활발하게 제작되었을 것이지만 전하는 작품은 그리 많지 않아 초·중기의 본격적인 불화는 한 점도 남아 있지 않은 실정이다. 사경변상도를 제외하고 현존하는 고려 불화는 대부분 13세기 후반과 14세기의 작품들이다. 여러 차례의 전란과 조선조의 억불정책에 따른 대규모 사찰 혁파로 거의 인멸되어 버렸고, 아이러니하게도 고려 말기에 왜구들이 약탈하여 일본 사원에 기진한 것 등이 일부 전하고 있을 뿐이다.

현재 160점 정도 알려져 있는데, 족자형의 걸개 그림으로 세로 길이가 5m나 되는 대형에서 1m 내외까지 크기가 다양하다. 왕실을 비롯한 지배층의 주문과 후원에 의해 궁정이나 사찰 소속의 일급 화사들이 주로 제작하였고, 나라 및 왕실의 안녕과 수명장수 · 극락왕생 등 현세구복과 결부하여 조성된 것이 많다. 비로자나불과 석가여래 등 다양한 불화가 그려졌지만, 아미타여래와 관음보살 · 지장보살 등 정토 관련 도상이 주류를 이루었다. 이러한 현상은 당시 사찰 중수기의 대부분이 미타전 · 관음전 · 지장전이었던 것과 맥락을 같이한다. 화엄사상 등에 의거하여 조형화된 것으로 해석되기도 하지만 종파 미술로서 형성되지는 않았던 것으로 보인다. 그리고 사찰 이외에 귀족과 사대부 집안에서 마음의 수양이나 기원을 위한 축리용(祝釐用)으로 봉안하기도 했다. 이규보(1168~1241)는 사대부들이 거소에 마음을 닦는 장소로 '불실(佛室)'을 짓고 불교 의례를 갖추어 사용한다고 했으며, 1304년경 쓰여진 『왕랑전』 고려본에 의하면 소원을 빌기 위해 집안 서쪽 벽에 아미타불화를 걸어놓고 염불했다고 한다. 현존하는 1m 내외의 불화들은 이와 같이 상류층 집에서의 봉안용이었을 가능성이 크다.

고려 불화는 송 · 원대의 불화와 양식적 관련성을 지니면서 비단 두건을 쓴 피모(被帽)의 지장보살상과 아미타여래도에 표시된 만자문(卍字文)과 천복윤문(千輻輪文)을 비롯해 고려 특유의 유형과 도상 및 기법을 창출하였다. 1286년 권문세족인 염승익이 왕과 왕비의 수복과 자신의 극락왕생을 위해 발원하여 그리게 한 〈아미타여래도〉(도 18)는 중생을 서방극락으로 맞이해 가는 내영도(來迎圖) 형식의 대표작이다. 화면을 가득 채우고 있는 아미타여래가 팔을 길게 뻗어 내영자를 포용하기 위해 얼굴과 몸, 발의 방향을 달리한 3곡(三曲)의 자세는 자비로움으로 넘쳐 있다. 고려 아미타불화에서만 볼 수 있는 트레이드 마크처럼 만복과 영생을 상징하는 만자문과 천복윤문의 표식이 여래의 가슴과 양 손바닥에 뚜렷하다. 얼굴을 비롯한 팔과 발은 가늘고 유려한 선으로 나타낸 데 비해 옷주름은 굵고 강한 필선으로 처리하여, 질감 효과와 함께 대조에 의한 변화와 조화를 추구하였다.

채색은 어두운 갈색 비단 바탕에 주색과 녹청 · 군청의 3색과 백색의 밝고 호화로운 안료를 사용하여 화사하면서도 장엄한 분위기를 연출했으며, 화면 뒤편에서 복채하는 이채법(裏彩法)과 금니의 적절한 사용을 통해 찬란하면서도 고급스러운 고려 불화 특유의 색조를 창출하였다(정우택, 1990). 이러한 채색법은 노란색과 황토색 · 코발트색 안료를 많이 쓴 중국이나 일본 불화와 구별되는 것으로 이 시기 고려 불화의 독자성을 대변해 준다. 그리고 붉은 가사에 금니로 시문된 커다란 보상당초 원형 무늬와 정교한 양태, 요철법으로 묘사된 연꽃의 입체적인 표현 등도 고려 불화의 우수성을 높여 주는 구실을 한다. 이와 같은 특징들과 하의 자락에서 볼 수 있는 상감청자매병의 운학문과 유사한 구름무늬 등이 1300년 전후하여 불교 회화에서의 궁정 양식 또는 원체풍(院體風)을 형성했으며 14세기 중엽 이후 점차 형식화되었다.

아미타여래의 협시이기도 한 관음보살의 그림은 수월관음도가 대종을 이루었다. 왕실에서 사용하는 붓과 벼루, 견직물을 관리하는 액정국의

도 18. 작가 미상 〈아미타여래도〉 고려 1286년, 비단에 채색, 203.5×105.1cm, 일본은행

도 19. 서구방 〈수월관음도〉 고려 1323년, 165.5×101.5cm, 일본 泉屋博古館

내반종사였던 화사 서구방이 1323년에 그린 〈수월관음도〉(도 19)에는 화려한 보관과 장신구들, 베일과 천의의 무늬들이 매우 섬세하게 그려져 있다. 풀방석이 깔려 있는 바위 의자와 암석도 청록색에 금색으로 조광 효과를 내어 더욱 화려해 보인다. 필선은 전체적으로 굵고 가늘기의 차이가 없는 철선묘를 사용했으나 대상물의 질감에 따라 선의 강도를 조절함으로써 변화를 주었다. 이러한 요소들은 배경의 녹색 쌍대나무 및 각종의 해초와 염주를 들고 있는 보살의 모습, 정병을 받치고 있는 수반의 투명한 표현과 더불어 고려 수월관음도에서만 볼 수 있는 독특한 도상적 · 기법적 특징을 이룬다. 얇은 비단 베일을 고려 특산의 꽃무늬 모시로 바꾸어 옷자락 끝을 빳빳하게 힘이 들어가게 나타낸 것도 고려적인 표현이다. 온 몸을 감싸고 있는 하얀 베일의 투명하고 아취 넘치는 섬려한 양태는 뛰어났을 것으로 짐작되는 고려시대 사녀화의 전통을 엿보게 한다.

수월관음도에 등장하는 선재동자상 또한 원체풍의 영희도(嬰戱圖) 양식에 토대를 두고 궁정 취향의 미인도에 보이는 이마와 코, 턱에 분칠하는 화장 방식인 삼백법(三白法)을 구사했으며, 관음을 향해 구도하는 간절한 표정의 얼굴은 백토나 호분의 바탕색 위에 주색으로 엷게 바림하여 토실토실하고 보드라운 어린이 피부로 나타냈다. 중국의 선재동자상과 달리 두광을 생략한 도상적 특징과 함께 단아함이 돋보인다. 화려한 금박의 비단 옷차림과 우아하면서 복스러운 생김새는 고려시대의 어린 귀공자를 연상시킨다(홍선표, 2014).

아미타여래도와 수월관음도 다음으로 많이 그려진 것이 지장보살도이다. 아미타여래도나 약사여래도에서처럼 지장삼존도와 지장시왕도 또한 본존을 상단에, 권속들을 그 무릎 아래쪽 하단에 배치하는 고려시대

도 20. 〈지장보살도〉 고려 14세기 전반, 비단에 채색, 106.7×45.3cm, 일본 根津미술관

의 특징적인 엄격한 이단 구도로 위계화하여 묘사되었다(문명대, 1991). 독존도는 서 있는 입상 형식으로, 일본 네즈미술관 소장의 〈지장보살도〉(도 20)가 대표작으로 손꼽힌다. 화면 가득히 그려진 지장보살은 손에 지물인 보주와 석장을 들고 있는데, 중국 · 일본과 달리 보는 사람의 방향에서 오른쪽에 석장을 주로 배치하였다. 머리는 일반적 도상인 승려상의 민머리 스타일이 아니라 두건을 쓰고 있다. 이러한 도상은 중국이나 일본에는 없고 중앙아시아의 투르판과 돈황에서 일부 보이지만, 고려에서는 도사나 문사들의 복건처럼 귀를 내놓고 착용한 것이 다르다. 고려의 귀공자를 연상시키는 환하고 우아한 얼굴, 궁정 취향의 화려한 문양과 정교한 선묘 등이 종교 미술의 세계적인 보물로 평가받고 있는 고려 불화의 우수성을 유감없이 보여준다.

이와 같이 고려 불화는 독창적인 도상 및 구성법과 함께, 착용한 법의를 장식하고 있는 독자적인 보상당초나 연화당초 원형 무늬와 안료를 혼합하지 않고 원색을 그대로 사용하여 주(朱) · 녹청 · 군청 및 금니의 순색이 자아내는 화려함, 그 위에 가해진 놀라울 정도로 치밀한 문양들의 중층적 묘사에 의한 심오한 조화, 비단 화면 뒤에서 앞면으로 배어나오게 칠한 이채법 또는 배채법(背彩法)으로 표현된 부드럽고 우아한 육신부, 먹선과 주선을 중첩시켜 구사한 정교하면서 유려한 필선 등이 특징을 이룬다(정우택, 기쿠다케 쥰이치, 1995).

이처럼 탁월한 장식성과 기교성은 난숙했던 고려시대 귀족 문화의 반영으로, 제도화한 도상의 반복성과 단순성을 보충하는 세부 묘사의 심화현상으로 해석되기도 한다. 중후하면서 순도 높은 색조와 평면적인 형체, 정밀한 세부 묘사와 장식성 등은 우아하면서도 완벽한 묘사력을 구사하던 송대 원체화풍의 특징과도 상통되는 것으로 생각된다. 이러한 화풍은 인물화와 채색화의 전통으로도 작용하는 한편, 15세기로 계승되어 조선시대 불화의 근간을 이루면서 보다 복합성과 세속성을 지닌 양식으로 16세기 무렵부터 크게 변모된다. 그리고 감로회도나 삼장보살도 같은 조선식의 불화가 등장하기도 한다(박은경, 2008).

일반 회화의 대두

고려시대에는 궁정과 귀족 문화의 발달과 더불어 궁궐 장식화와 원체풍 채색화도 활발하게 그려졌다. 왕실을 비롯해 국가적인 수요의 그림 제작을 전담하는 '화국(畵局, 도화국의 약칭)'에 이어 도화원이 설립되었고 제도화된 관직 화가인 화원이 등장하였다. 왕의 거소와 거동하는 장소는 용을 그린 충립(衝立) 형식의 '용의(龍扆)'와 '채병(彩屛)'으로 장식되었고, 대관전의 어좌 뒤에는 유교적 통치술과 관련된 '무일도(無逸圖)' 병풍을 배설했으며, 종묘에는 역대 왕의 자리마다 도끼를 그린 '보의(黼扆)'를 진설했다고 한다. '용의'와 '보의'는 천자를 장엄하는 병풍이기 때문에 특히 '용의'의 사용에 대해 원나라 조정에서 중국과 의례를 동등하게 한다며 불만을 토로하기도 했다. 고려 말기의 공신 이색이 새해 축하용 세화(歲畵)로 하사받은 '십장생도' 병풍은 궁중과 사대부가의 장식화로 대두된 것인데, 장수와 관련된 사물을 10개로 조합한 구성은 다른 나라에 없는 독창적인 것이다.

궁정 장식용 그림의 본격적인 전개와 더불어 고려시대의 회화는 앞 시대에 볼 수 없던 새로운 사조를 형성하며 고대 시기와 질적으로 다른 양상을 나타내기 시작했다. 그중에서도 958년의 과거제도 시행으로 배출된 문사층의 형성과 더불어 수용된 북송대의 서화 취향과 문인화론 등에 기반을 두고 이루어진 감상용 그림의 대두는 한국 회화사에서 새로운 창작과 향유 관습의 형성과 함께 일반 회화의 발전을 촉진시켰다.

고려시대 회화의 이와 같은 새 경향은 문풍(文風)이 크게 진작되고 북송과의 문화 교류가 활발하게 이루어지기 시작한 문종기(1046~1083)부터 나타난다. 특히 이 시기에 이르러 문·사·철 지식을 갖추고 과거시험을 통해 등장한 새로운 형태의 엘리트 문사들의 출현으로 기존의 실용적이고 종교적이던 단청 양식의 회화와 질적으로 다른 문인풍의 수묵화 등이 그려지고 감상되기 시작하였다. 한문학과 유학 등 동아시아의 중세적 보편주의를 토대로 시를 짓고 글씨와 그림을 틈틈이 다루고 즐기는 것을 여기적(餘技的), 취미적인 교양으로 겸비한 문사들의 문인화 사상이 새로운 회화 환경을 조성하게 된 것이다(홍선표, 1999).

10세기 중엽에서 11세기 중엽인 고려 초기에는 유교적 문치주의의 대두에 따라 새 왕조의 제도 정비와 이념 보급에 부응하여 감계적인 인물화와 초상화의 전통을 확립시켰다. 통일신라에서 계승된 정밀하고 사실적인 화풍을 토대로 왕과 왕후의 진영을 비롯해, 공신상과 성현상 등의 초상화가 조상 숭배와 결부된 제사와 국가를 위한 공적의 선양 및 교화를 목적으로 초기부터 활발하게 제작되었다. 왕의 초상을 그리는 전통은 고구려와 신라에도 있었지만, 고려 초기에 이르러 왕과 왕비의 어진을 모셔두는 경령전과 같은 진전(眞殿)을 설립하는 등의 제도화가 이루어진 것이다. 신흥사의 공신당이나 봉진사 대영전에는 태조 왕건상을 중심으로 동서 벽면에 37공신상과 12장군상을 도회하기도 했다. 성종 9년(990)에는 부모의 형상을 그려놓고 제사지내는 풍조를 장려하여 초상화 제도를 널리 확산시키고자 했다. 이러한 풍조는 민간으로 퍼져 풍습화되었던 듯, 『고려도경』에 의하면 고려인들이 설날을 비롯해 매달 초하루와 단오

절에 할아버지와 아버지의 초상을 그려 놓고 제향을 지내며 승려를 초청해 범패를 부른다고 하였다.

궁중 풍속화의 성향을 지니기도 한 미인화의 경우, 당나라의 주방이 즐겨 다루었던 말을 탄 사녀상이 푸른 아청지로 만든 접는 부채에 그려져(접는 부채에 그림을 그려 넣는 화습은 고려에서 기원했다는 설도 있다) 중국으로 가는 초기 고려 사절단의 선물용으로 매번 사용되었다고 한다. 정치적 감계나 윤리적 교화와 결부된 초상화와 달리 왕족과 귀족 계층의 미적 취향을 반영하는 이러한 사녀화 계통의 미인화는 궁중 연회의 발달과 더불어 아름다운 기녀들의 춤추는 모습을 다룬 궁중 행사도 등을 통해 확산되었을 것으로 생각된다. 고려 초부터 팔관회와 연등회 또는 궁중 연회에서 포구락과 헌선도 등의 가무 연주에 "별 같은 눈동자의 갓 피어난 부용처럼 난만한 미희들이 버들 같은 허리가 꺾일 듯 하늘거리며 춤추었다"고 하며, 매일 호사스러운 연회를 열었던 의종(재위 1146~1170)이 명하여 그리게 한 '야연도'에는 이처럼 섬요한 미녀들이 묘사되었을 것이다. 그리고 미인을 노래한 향염시의 대두와 더불어 고려 말기에는 "봄꽃이 무색할 정도로 눈부시게 아름다운 여인의 미소 띤 모습"이나 가야금과 서화를 다루는 등의 재색을 갖춘 "옥 같은 미인"을 그린 족자와 병풍으로 꾸민 미인도가 독립된 화목으로 발전하게 된다. 이 그림들의 미녀상은 〈관경서품변상도〉와 〈미륵하생경변상도〉 같은 14세기 고려 불화의 궁중 장면에 묘사된 궁녀들의 도형을 통해 그 잔영을 엿볼 수 있다(홍선표, 2014).

고려 초기에는 재이상서(災異祥瑞) 사상이나 풍수지리설 등과 결부되어 실제의 자연 경물이나 지형 등을 소재로 실경도류 산수화도 그려지기 시작하였다. 목종 10년(1007) 6월에 대학박사 전공지(田拱之)가 화산 작용으로 바다 가운데 새롭게 솟아난 제주도의 산악을 직접 가서 보고 그려 온 '서산도(瑞山圖)'가 그 최초의 사례이다. 그리고 중국에 간 고려 사절단이 '산천형승'을 마구 그려 간다고 북송의 소식(蘇軾)이 언술한 바 있는데, 아마도 이 무렵 중국을 통해 들어오던 '풍수지리비록'들에 대한 올바른 이해와 실제적 응용을 위해 그곳의 산천 내맥을 살피면서 이를 도회했던 것이 아닌가 싶다.

고려 중기 이후의 신동향

약 1050년에서 1150년 사이의 고려 중기 무렵부터 문사들 사이에서 회화 완상 및 수집 취미가 대두되었고 문인 화가가 출현했으며, 묵죽과 묵매와 같은 문인화 제재가 다루어지기 시작했다. 서화 시대와 감상용 그림 시대가 본격적으로 열리게 된 것이다. 문사들의 회화 취미가 대두되는 데는 『주례』에 기재되어 있지 않던 선비들의 교양 과목인 '6예(六藝)' 중 그림인 '화(畵)'가 북송대의 『태평어람(太平御覽)』에 포함되었던 변화와도 관련이 있을 것으로 보인다. 『역대명화기』가 수록되어 있기도 한 『태평어람』은 1100년에 고려로 들어와 회화 이론 전개에 영향을 미쳤다. 그리고 인종 1년(1123)에 북송 사절단의 제할관으로 개성에 온 궁중 서화 감식가이며 문인 서화가인 서긍(徐兢) 등이 김부식을 비롯한 접빈관들을 숙소로 초빙하여 법서와 명화를 함께 감상하고 원하는 대로 증정했던 것도 이러한 수집과 완상 취미를 자극했을 것이다.

문종 26년(1072) 고려와 송나라 사이의 외교 관계가 재개되면서 북송의 회화가 본격적으로 유입되기 시작하여 예 · 인 연간(1105~1146)에는 '불가승계(不可勝計)' 즉 그 수를 헤아릴 수 없을 정도로 많은 서화가 전

도 21. 『어제비장전』(권6, 변상도 제3도) 고려 11세기, 목판화, 22.7×52.6cm, 성암고서박물관

래되기도 했다. 이 작품들은 궁궐 안에 설치된 천장각과 보문각 · 청연각 등에 수장되었으며, 의종 19년(1165) 부호집 자제 출신의 내시들이 환관들과 함께 왕명을 사칭하여 서화를 토색할 때 그 대상이 되기도 했던 모양이다. 이렇게 유입된 화적 중에는 신종(재위 1067~1085)이 선물로 보낸 북송 후기 최고의 산수화가 곽희(郭熙)의 '추경도'와 '연람도(煙嵐圖)' 같은 작품도 있었으며, 이러한 화풍은 조선 전기까지의 산수화 전개에 종법(宗法)으로서 고전적 역할을 하게 된다.

11세기 후반의 작품으로 추정되는 고려 초조(初雕) 대장경의 『어제비장전』에 수록된 목판화 삽도들은 붓으로 그린 모필화는 아니지만 산수를 배경으로 각 장면이 묘사되어 있어 이 시기의 산수화풍을 엿볼 수 있는 자료로 중요하다. 그 가운데 권6의 제3도를 보면(도 21) 포개 세운 듯 겹쳐진 산 모습과 바위, 또는 큰 나무 등을 빙 둘러 배치한 주머니형의 공간 구성, 고원과 평원 · 심원 등 삼원법(三遠法)의 활용, 산봉우리의 바늘 모양 원목들과 산 능선의 이빨형 돌기, 그리고 우점준(雨點皴) 등에서 형호(荊浩)와 관동(關仝)에서 시작되어 범관(范寬)을 거쳐 이성(李成)과 곽희에 의해 완성되는 오대 초와 북송대 화북계 산수화풍의 특징을 발견할 수 있다(안휘준, 1980).

이와 같이 고려 중기에 이르러 활발해진 북송과의 문화 교류는, 소식과 미불 등에 의해 확립된 시화일률론(詩畵一律論)과 여기적 회화관을 비롯한 문인화 사상의 전래와 더불어 왕공과 문신들 사이에서 그림 그리는 풍조를 낳게 했으며, 문인 화가들을 출현하게 하였다. 헌종(재위 1094~1095)은 어려서부터 서화를 좋아하여 왕위에 오른 뒤나 신병으로 퇴위하여 후궁에 있을 때나 이를 익히는 데 마음을 놓지 않았다고 하며, 문종의 후손인 안평공과 광릉공도 서화에 뛰어났다고 전한다. 음률과 서화에 능했던 인종(재위 1123~1146)은 문신 윤언민의 유 · 불 · 도 합일의 고상한 행적을 듣고 탄복하여 그 모습을 몸소 그려 도화를 만들고 널리 선양하고자 했다.

문신인 김부식과 그의 아들 김돈중은 소식과 문동(文同)에 의해 문인 화목으로 부각된 묵죽을 잘 그렸다고 하며, 그와 정치적 입장을 달리했던 정지상은 묵매를 즐겨 그렸다. 특히 김부식은 문인화 사상의 기본 이념 중의 하나인 '기운비사론(氣韻非師論)' 즉 그림의 최고 가치인 만물에 내재된 정기나 정신을 포착하는 일은 배워서 이룰 수 없다는 이론에 전거를 두고, 높은 신분을 지니고 태어난 문인 화가의 창작과 향유 활동이 이를 구현할 수 있다는 관점에서 작품을 평가하였다. 그의 이러한 인식은 창작과 감상 등의 회화 활동에 참여하기 시작한 왕공 · 문신들의 엘리트 의식을 대변하는 의미를 지닌다. 인종의 동서이기도 했던 정서가 묵죽을 그린 후, "한가한 나머지 붓과 벼루를 희롱하여 한 줄기 대를 그렸는데 벽에 붙여 놓고 이따금 보니 그윽한 자태가 속되지 않네"라고 읊은 제화시는, 당시 대두되던 여기적인 문인 화가들의 취미 생활과 한묵 풍류를 이해하는 데 도움을 준다.

문종 연간 이래 겪어 온 회화사의 여러 변화 가운데 직업 화가와 관련된 '화국'의 신설도 중요하다. 회화 관련 기구로는 신라 때에 채전이 있었고, 고려 초기에는 급료의 별도 지급 대상으로 규정된 공장 가운데 왕실의 그릇과 장식 기물을 관리하던 중상서(中尙署)에 무관직인 '화업지유(畵業指諭)'를 두기도 했다. 그러나 화업만을 전담하는 기구인 '화국' 즉 도화국(圖畵局)의 설립은 예종 11년(1116)의 관제 개혁 무렵으로 파악되며, 휘종(재위 1100~1125) 때의 화학(畵學) 진흥책에 따른 '한림도화국'의 제도 정비에 자극 받았을 가능성이 크다. 명종 8년(1178)에는 서경인 평양에 '도화원'을 보조(寶曹) 소속으로 설치했는데, 이색의 『목은시고』에 의하면 고려 말기에 개경의 도화국도 '도화원'으로 개칭하고 관아를 새로 지은 것으로 보인다.

화국은 궁내의 잡직이나 공직상의 실무 기술 계층인 남반(南班)의 최고직이기도 한 정7품 내전숭반(內殿崇班)이 책임자였을 것으로 추측되며, 소속 화원들은 조선시대 도화서 화원과 달리 궁중 화가였을 것으로 생각된다. 『고려사』「열전」에 이름을 남긴 이녕은 이 시기 최고의 명화원으로 예종 연간에 화국에 들어와 의종조(1146~1170)의 궁궐 내 화업을 주관했었다. 그는 이미 인종 2년(1124) 이자덕이 이끄는 사절단의 일원으로 북송에 가서 중국 역대 황제 중 서화가로 가장 유명한 휘종으로부터 그림 솜씨를 칭찬받고 그곳 화원들에게 회화술을 가르쳐 주라는 명을 받기도 했다. 그가 중국에 가서 떨친 명성은 일본에까지 알려져 에도시대 나카야마 고요(中山高陽)의 「화담계륵(畵譚鷄肋)」에도 기록되어 있다. 이녕의 국제적인 그림 명성은 그의 천재적 기량뿐 아니라 당시 고려시대 일반 회화의 비약적인 발전을 뜻한다는 점에서 각별한 의의를 지닌다. 그리고 이러한 발전은 이녕이 내전숭반 이준이에게 그림을 배운 것이라든가, 이녕의 화업이 그의 아들과 손자로 이어진 것과 대대로 화명을 날린 이존부(李存夫) 집안 등을 통해 알 수 있듯이 화원들의 사승관계와 가업의 계승에 의해 이루어지기도 했다.

고려 중기를 통해 한층 조직적으로 육성된 화원들의 이 시기 회화 활동과 관련하여 실경 산수화의 발전도 주목된다. 예종 때에 궁중의 양화루 경관을 화원을 시켜 묘사하게 한 것을 시발로 예·인 연간에 제작된 이녕의 '예성강도'와 '천수사남문도(天壽寺南門圖)', 문신 이지저의 집에 걸려 있던 '진양산수도' 등이 그려지면서 우리나라 실경 산수화의 주류를 이룬 명승명소도 계열의 전통이 이 시기를 통해 형성된 것이다. 개경으로 흘러드는 예성강의 풍광과 왕족과 귀족들의 전송과 영접 장소이며, 붉고 푸른 누각이 소나무와 전나무에 둘러싸여 아름답던 개경의 동교에 위치한 천수사 남문의 경관을 그린 이 그림들이 휘종의 상찬을 받거나 중국의 명화로 오인될 정도였던 것으로 보아 매우 뛰어난 작품이었을 것으로 짐작된다. 이녕의 화풍을 높이 평가한 휘종이 신종 때에 애호되던 궁정 안의 수묵산수화들을 모두 치우게 했고, 도교 사관인 오악관의 재건을 비롯해 궁궐 벽화 등을 새롭게 장식하기 위해 '천하의 명수'들을 크게 모았던 사실로 미루어 보면, 길상적인 낙토의식과 결부된 장엄물로서의 성격이 강하고 궁정 취향이 짙은 청록풍의 산수화였을 가능성이 크다(홍선표, 1999).

인물화에서도 화국의 설립으로 이기처럼 초상화 작가로 이름을 남기는 뛰어난 화원이 배출되었다. 도석화에서는 휘종 양식을 수용했던 모양으로, 고려에 온 북송의 서긍이 개경 북쪽의 태화문 안에 세워진 도교 사원 복청관의 벽화 가운데 노자의 도상과 작풍의 유사성을 지적하기도 했다. 그리고 이 시기에 제작된 청동 거울이나 은입사 청동병, 상감청자 등의 문양을 통해 오대와 북송 초에 화제로 성립된 연꽃 · 갈대 · 버드나무 · 대나무 등이 서 있는 물가에 오리 · 원앙 · 백로 · 기러기 등의 물새를 그린 '연지수금도'와 '노안도' 계통 화조화의 확산을 추측할 수 있다. 오사카시립동양도자박물관 소장 〈청자상감화죽수금문판〉(도 22)에 좌우로 세 마리씩 병렬되어 있는 백로들은 오대의 황전(黃筌)에 의해 확립된 '육학(六鶴)'의 도상을 토대로 묘사되었다. 간송미술관 소장 '청자상감운학문매병'에 시문된 날으는 학들의 도형은 휘종의 〈서학도(瑞鶴圖)〉에 묘사된 상서로운 구름 위로 창공을 비행하는 학들의 양태와 상당히

도 22. 〈청자상감화죽수금문판〉 고려 12세기, 14.9×20.4cm, 일본 오사카시립동양도자박물관

비슷하다(홍선표 1999). 그림의 경우 〈관경십육관변상도〉에 그려진 단정학과 공작새, 다이고쿠지(大德寺) 소장 〈수월관음도〉 상단의 모란꽃 가지를 입에 문 화조 그림(도 23) 등을 통해 그 편영을 엿볼 수 있는데, 정교하면서 우아한 원체화풍의 최고 절정기로 손꼽히는 송대의 빼어난 기량에 못지않은 솜씨로 그려져 있다.

12세기 후반에서 13세기 중엽의 무신 집권기인 고려 후기에는 관료 지식인으로 새롭게 등장한 문장에 능하고 정사(政事)에 밝은 '능문능리형'의 사대부 문사나 이들과 친밀하게 교유했던 선승들의 감흥 표출과 교양 및 심성 도야의 매체로 여겨지는 등, 일반 회화의 발전 기반이 더욱 심

도 23. 작가 미상 〈수월관음도〉(세부) 고려 14세기 초, 비단에 채색, 227.9×125.8cm, 일본 大德寺

화 · 확대되었다. 이들을 통해 북송대의 문인화 사상과 사대부 취향의 유희적인 수묵풍 화목이 뿌리를 내리며 성행하였다. 이러한 서화 취향은 새로운 문예 공간으로 등장한 서재 또는 문방을 중심으로 심화되었다.

소동파를 숭배하는 '숭소열'과 '학소(學蘇)' 풍조에 따라 그의 '시화일률론'과 대상물의 겉모습이 아닌 참모습을 구현하는 것을 중시하는 '중신사론(重神似論)'을 비롯해, 창생적 창작과 결부되어 있는 '흉중성죽론(胸中成竹論)'과 '심수상응론(心手相應論)' 등의 문인화론이 본격적으로 대두됐으며, 이규보(1168~1241)와 같은 최초의 감평가(鑑評家)를 배출하기도 했다. 그림을 보고 평가하는 안목이 매우 높았던 이규보는 이러한 식견과 북송의 문인화론을 토대로 고려시대 회화 비평과 이론 전개에 중요한 역할을 하였다. 그의 회화 감평은 우리나라 그림이 감상물로서의 성격과 기반을 다지며 발전하는 데 계도적인 구실을 했을 뿐 아니라, 고대적인 회화 풍토를 오색영롱하게 겉만 꾸민 '분분(紛紛)한 속화'로 비판하고 문사 중심의 중세적 회화가 수행해야 할 새로운 실천적 지침으로 제시되었다는 점에서 각별하다(홍선표, 1999).

문인화론의 확산에 따라 이와 관련된 유희적인 수묵풍 화목도 크게 풍미하기 시작하였다. 대나무 · 소나무 · 전나무 등 문사 취향의 초목류 자연물이 많이 그려졌으며, 충렬왕 2년(1276) 무렵 이장하면서 새로 조성한 태조 왕건의 건원릉 벽화에도 매 · 죽 · 송이 다루어졌을 정도로 성행했다. 정득공과 안치민 · 이인로 · 김군수 등 문인 화가의 활동이 두드러졌는데, 그중에서도 홍문관 학사를 지낸 정홍진이 가장 유명하였다. 그의 묵죽 그림은 고려뿐 아니라 중국에까지 명성이 자자했으며, 이규보는 북송 최고의 묵죽화가인 문동을 능가한다고 평가했을 정도였다.

그리고 소상팔경도와 같은 수묵풍 정형 산수화의 창작과 승려 화가들

도 24. 작가 미상 〈제234상음수존자상〉(세부) 고려 1235년, 비단에 수묵담채, 55.1×38.1cm, 일본 大和文華館

의 활동 및 수묵 선종화의 대두, 이태백과 도연명 · 왕희지 등 은일 문사들의 고전적 풍류와 일화를 그린 고사인물화의 본격적인 전개와 함께 고려의 제재를 다루는 경향을 진행시키기도 하였다. 1235년 제작된 오백나한도 중 〈제234상음수존자상〉의 바위 표현(도 24)에 보이는 '구름 같은 돌' 의 양태와 짧은 횡선의 세준(細皴), 묵조에 의한 명부와 암부의 대비 효과 등은 곽희파 화풍의 진화 과정을 반영하고 있다. 인물화의 명수였던 박자운과 이전이 그린 '태위공기우도' 와 '이상귀휴도' · '해동기로도' 는 지금은 전하고 있지 않지만 고려 후기의 유명한 문신이었던 최당의 고상한 행적과 은퇴 후 친구들과 모여 술을 마시면서 시를 짓거나 가야금을 연주하고 바둑을 두며 한가롭게 풍류를 즐기는 모습을 담은 것이다. '해동기로도' 에 후기를 쓴 이제현이 모인 사람들이 누구인지 금방

알아볼 수 있겠다고 한 것으로 보아 참석자 개개인의 생김새가 정확하게 묘사되었음을 짐작할 수 있다.

약 1250년에서 1391년까지의 말기에는 서화 골동 취미가 확산되고 원대 화단과의 밀접한 교류를 통해 각종 화목들이 다양하게 전개되었으며, 실경 산수화에서는 금강산도가 예배도로서 국제적인 명성을 얻었다. 1307년에 제작된 노영의 〈담무갈보살현신도〉의 배경 풍경(도 25)은 정양사 주변의 금강산을 그린 것으로(문명대, 1991), 수직적인 선묘로 나타

도 25. 노영 〈담무갈보살현신도〉(부분)
고려 1307년, 흑칠금니,
21×13cm, 국립중앙박물관

낸 조각도처럼 생긴 날카로운 바위산과 횡점을 규칙적으로 가한 토산과의 대비적인 묘사법에서 조선 후기 겸재 정선의 금강산 화풍의 원류를 엿볼 수 있다. 그리고 1310년에 김우 등에 의해 제작된 가가미진자(鏡神社) 소장의 〈수월관음도〉와 〈지장삼존도〉의 바위 표현(도 26)을 통해 곽희파 산수화 양식이 고려 말기 화단에서 어떻게 전

도 26. 작가 미상 〈지장삼존도〉(세부) 고려 14세기 전반, 비단에 채색, 239.4×130cm, 일본 圓覺寺

개되었으며 15세기의 조선 초기 안견의 산수화풍 형성에 어떠한 영향을 미쳤는지를 파악할 수 있다. 말기에는 초상화를 그리는 풍조가 확산되어 화원들뿐 아니라 문인 화가와 왕에 이르기까지 즐겨 다루었다. 특히 공민왕은 왕비인 노국대장공주를 비롯해 여러 군신들의 초상과 거울에 비친 자신의 모습을 담은 자화상까지 그렸다고 전한다.

현재 남아 있는 말기의 작품으로는 가늘고 유연한 필선에 의해 섬세하게 그려진 반신상의 〈안향상〉과 〈염제신상〉이 알려져 있고, 이제현의 전칭작인 〈기마도강도〉와 공민왕의 전칭작인 〈음산대렵도〉와 같은 산수인물화가 거론되는 정도이다. 〈염제신상〉(도 27)은 고려 말의 명재상 염

도 27. 전 공민왕 〈염제신상〉 고려 14세기, 비단에 채색, 53.8×42.1cm, 충경서원

제신의 반신 초상으로, 이색의 기록에 의거하면 공민왕이 그렸다고 전하기도 한다. 보는 사람의 방향에서 왼쪽으로 약간 몸을 튼 우안 칠분면의 고려 초상화 자세에 원나라 풍의 낮은 평정건을 쓰고 짙은 청포 단령을 착용한 모습이다. 염제신의 인자한 군자적 풍모는 세밀한 필선과 음영의 섬세한 구사, 차분한 색조를 통해 격조 있게 재현되어 있다. 흑색과 백색의 가는 선을 교차시켜 묘사한 수염을 비롯해 동공과 속눈썹까지 치밀하게 나타내는 등, 초상화 사실력의 오랜 전통을 엿보게 한다. 이밖에 연구자에 따라 고려시대의 산수화와 인물화로 소개하는 작품이 일본에 몇 점 전하고 있지만, 국적 문제가 아직 명확하게 밝혀지지 못한 실정이다.

Ⅳ. 조선 전기 회화

동아시아 굴지의 유교적인 이상 국가를 지향하며 1392년 개국한 조선 왕조는 궁궐과 관아 등의 건물과 각종 의례를 장엄화하고 백성을 교화하는 시각물로서 회화를 적극 활용하였다. 이에 따라 조선 왕조는 개국 초부터 그림에 관한 일을 전담하는 도화서를 확장 설치하고 화원들을 조직적으로 양성하는 등, 역대 어느 왕조보다 회화 육성에 적극적인 자세를 보였다(안휘준, 1980). 이 시대의 주도층인 문인 사대부들은 고려 중기 이래의 전통을 계승하여, 자신들의 뜻과 감흥을 나타내거나 인격과 성정을 도야하는 데 그림이 시와 서예에 버금가는 기능을 지닌 것으로 여기고, 이를 그리고 감상하는 것을 갖추어야 할 교양과 풍류로 선호하였다. 그림의 창작층이면서 수요층이었던 이들 엘리트들에 의해 문인화론에 토대를 두고 '도'를 구현시키고자 하는 회화관이 확립되었으며, 회화 애호 취미가 더욱 확산되었다.

조선 전기의 회화 사조와 화풍은 16세기 중엽을 전후하여 초기와 중기로 나눌 수 있다. 초기의 회화는 새 왕조의 각종 제도 구축을 위해 옛 제도 연구에 힘을 기울였던 세종기(1418~1450)를 중심으로, 송 · 원대와 고려의 화풍을 융합하여 꽃피웠다. 그리고 중기에는 사림 세력의 확대와 지배 이념인 성리학의 사상적 심화, 문사들의 중국 강남 서호(西

湖)에 대한 동경 의식 등과 결부되어 명대 절파계의 표현성이 강한 수묵풍의 그림이 성행하였다. 이러한 변화는 중종기(1506~1544)부터 명나라의 회화를 현실 중화(中華)로 여기고 선조대(1567~1608)의 목릉성세기를 통해 본격적으로 수용하기 시작한 사조에도 기인했을 것으로 생각된다(홍선표, 2014).

사대부 회화관과 서화 취미의 확립

조선시대의 지배 이념으로 문인 사대부 사유의 기반을 이룬 성리학은 이 시기 회화관의 사상적 성격을 형성하는 데 가장 큰 역할을 하였고, 그중에서도 그림의 존재 가치를 인식하는 데 더욱 중요한 구실을 한 것으로 파악된다. 성리학의 가치 체계는 '도'를 중심으로 상하와 본말(本末)이 차별적 관계로 구축되었기 때문에 그림도 이러한 관점에서 말단기예[末技]와 보잘것없는 기예[小技] 또는 천한 기예[賤技]로 여겨졌다. 그리고 사대부의 신분으로 이에 전념하거나 몰두하는 것을 '완물상지(玩物喪志)'라고 하여 비판하는 풍조를 낳게 하였다. 그러나 이러한 견해는 그림 자체의 기능과 역할에 대한 절대적 평가가 아니라 '도'를 근본으로 삼고 '예(藝)'를 말단으로 보는 유자적(儒者的) 관점에서 표명된 것으로, '도'를 중시하는 입장에서 그림과의 관계를 설정한 상대적 가치관이라 하겠다. 군왕이나 사대부들의 회화 활동에 대한 비판적 언설도 그림을 그리고 완상하는 행위 자체를 배격했던 것이 아니라, 지나치게 탐닉하고 몰두함으로써 본분을 잃고 큰 뜻을 해치게 될까 봐 우려하는 경계의 마음을 강조한 것으로 생각된다.

사대부들은 그림이 '도'를 유포하고 실현하는 데 보익이 되고 유효한 수단으로 전제되었을 때, 이를 긍정하고 그 가치를 적극적으로 인식하였다. 그림이 '도'를 싣거나 실천해야 한다는 관점에서 감계의 수단으로 교훈을 전파하고 교화를 이룩하는 등, 왕조 사업 수행에 유용하다고 보는 공리적인 측면과 이를 통하여 사물의 자연적 이치인 천리(天理)와 화합되는 즐거움을 누리면서 심성을 도야하는 등, 이상적 인간성의 실현에 도움이 된다고 보는 수기적(修己的)인 측면에서 가치를 인식했던 것이다(홍선표, 1999).

회화의 존재 의의를 정치적 · 윤리적 교화 작용에 중점을 두고 감계적 수단으로 강조한 공리적 가치관은 공자의 예술 효능 사상에 기반을 둔 것으로, 새로운 유교적 이상국가 건설이라는 조선 초기의 시대적 과제와 결부되어 부각되었다. 조선 왕조 개창의 기본 강령을 실은 『조선경국전』에 "그림 그리는 일은 모두 이용 면에서 공효(功效)한 것이니 없어서는 안 될 것이다"고 규정한 바 있다. 세종은 "눈에 보이는 것으로 마음을 뉘우치게 함은 진실로 유익한 것"이라고 했으며, 문예에 밝았던 성현(1439~1504)은 선비의 맡은 바가 정치 경술에만 있는 것이 아니라 문장이나 그림에 이르기까지 각자의 재능을 바쳐서 군주의 '치도(治道)'를 보좌하는 데 이바지해야 한다고 했다.

그림이 훈민 등의 교화를 이룩하고 왕조 사업의 달성을 위해 없어서는 안 될 긴요한 시각 매체로 여긴 공리적 가치관은 이를 전문적으로 수행하는 화원을 육성하고 이들의 기량을 배양하는 일에 힘을 쏟게 하였다. 세종과 성종은 그림 배우기가 대단히 어려운 것으로 보고, 10년 가까이 익혀야만 비로소 공을 이룰 수 있기 때문에 도화원의 정원에 구애받지 말고 입속시켜 전습토록 했으며, 초목과 새와 짐승을 모아 놓고 '관형모사(觀形模寫)' 즉 실물을 보고 옮겨 그리는 연습을 시키거나 명화의 임모를 통해 묘사력의 향상을 도모하기도 했다. 화원들의 화격을 높이기 위해 그림을 잘 아는 사대부로 하여금 관여케 하였고, 어진과 공신의 초상 제작 등 국가적인 큰 화업에 참여하여 활약한 화원에게는 녹훈을 주거나 승진시키는 등 보상에까지 많은 관심을 기울였다. 이러한 정책적 배려는 성종의 회화 진흥책에 대해 "이를 융성하게 권장하여 서화 등의 백공 기술이 게으르지 않고 정밀하게 되었네"라며 칭송한 기록을 통해서도 알 수 있듯이 화원화의 발전에 크게 기여하였다.

자기 수양의 수기적 가치관은 조선 초의 대표적 사대부인 신숙주(1417~1475)가 「화기(畵記)」에서 말한, 그림이 감상자의 내적 자원인 심성을 보존하고 확충해 주는 존심양성에 보익이 될 뿐 아니라 식견을 확장하고 투철히 하는 데도 유용하다는 견해에 잘 반영되어 있다. 그림을 그리고 향유하는 회화 활동이 천지자연과 화합하고 동화되는 것을 지향하던 사대부들의 삶을 한층 풍부하고 참되게 도야하는 데 유효하다는 측면에서 그 가치를 적극적으로 인식했던 것이다. 그래서 성간(1427~1456)이 문인화가 강희안(1419~1464)의 그림을 보고 "종일토록 어루만져 기쁨을 삼는다"고 했으며, 강희맹(1424~1483)은 "사물 중에 능히 사람을 즐겁게 하여 손과 눈을 떠나지 못하게 하는 것으로 서화만한 것이 없다"고까지 주장할 수 있었다. 그림을 수기적 차원에서 스스로 즐기는 '자오(自娛)'와 '유희'적 득도의 매체로 인식한 이러한 가치관은 감상물인 그림의 이념과 창작 방향을 제시하면서 사대부 엘리트층의 회화 활동을 활성화하고 문인화 발전을 촉진하는 동력으로 작용한 의의를 지닌다.

그림을 수집하고 완상하는 서화 애호 취미도 조선 왕조 운영의 주도 세력인 사대부 중심의 수기·자오적인 가치관과 결부되어 확산되었다. 조선 초부터 사대부 사회에서 습속화가 이루어지기 시작했으며, 남북조

시대 고개지 이래 역대 명화가 90명의 특장 분야에 대한 정보를 간략하게 기술한 바 있는 김안로(1481~1537)는 지금 전하는 고화 가운데 진품과 가짜, 모본 등이 섞여 있어 감식안을 지닌 '구안자(具眼者)'가 가려내야 한다고 하는 등, 수집과 감상에 있어서 진위를 판별하는 안목의 중요성을 처음으로 제기하기도 했다(홍선표, 2014).

서화 취미는 선조 연간의 목릉성세기를 통해 명나라 말기의 탈속 · 심미적인 문인화와 서화 및 골동품 애호 풍조의 열풍에 자극받아 서인계 문사 관료 중심으로 본격화된다. 이러한 서화골동 취미에 관한 정보를 집성한 백과전서와 같은 『한정록』의 집필을 통해 새로운 전기를 마련했던 허균(1569~1618)은, "서화를 수장하고 감상하며 즐기는 것이 신묘하고 우아한 취미로서 속세의 근심을 잊고 떨쳐 버리게 하여 그 경지가 신선 세계에 있는 듯하고 정신이 복희씨의 옛 세상에 노니는 것 같다"고 하였다. 서화 취미는 전란과 당쟁의 혼란한 세속사에서 벗어나 탈속과 한가로운 상태에서 자아를 닦고 기르는 즐거움을 누리려는 사조와도 결부되어 심화되었다. 그리고 임진왜란과 병자호란의 피해 복구가 이루어지는 17세기 후반에 이르러 당색과 신분, 지역을 초월하여 성행하기 시작하였다. 김상용과 김상헌 · 이항복 · 박미 · 조속 · 신익성 · 김창숙 · 이우 · 허목 · 남학명 · 조하언 등은 서화 애호벽(愛好癖)을 지닌 마니아이면서 '감상가군(鑑賞家群)'을 이룬 것으로 회자되던 이 시기의 대표적인 인물들이다.

고전 산수화와 실경 산수화의 정립

산수화는 번거롭고 속된 홍진의 세속에서 벗어난 탈속과 은일의 이상

도 28. 안견 〈몽유도원도〉 조선 1447년, 비단에 채색, 38.7×106.5cm, 일본 天理大도서관

적인 경관을 자연의 조화와 질서를 함유한 참모습의 '진경(眞景)'으로 창작하고 향유하는 것을 목적으로 하며, 고전경과 실경을 제재로 다루어졌다. 고전 산수화는 당시 사대부들이 중세적 보편 문화로 추구한 중국의 이념화된 정형 산수를 모델로 그려졌다. 조선 전기의 고전 산수화는 세종기의 거장 안견(安堅)의 활약으로 정립되어 화단을 풍미하였다. 안견은 후원자이기도 했던 세종의 셋째아들인 안평대군의 수장품을 비롯해 고전적인 그림들을 많이 보고 그 진수를 모두 터득하여 원대 이래의 화단 경향을 따라 대가들의 장점을 모아 종합하고 절충하면서 자신의 화풍을 이룩한 것으로 전한다. 특히 "나무 하나 돌 하나마다 다른 사람의 수법과는 유별나게 표현했다"는 평으로도 알 수 있듯이 창작력을 발휘하여 일가(一家)를 이루고 조선 전기 산수화의 흐름에 깊은 영향을 미쳤다.

1447년에 제작된 안견의 명작 〈몽유도원도〉(도 28)는 안평대군이 꿈

속에서 집현전 학사들과 거닐던 도원경을 청탁받고 그린 것으로 송 · 원대의 이곽파 화풍과 이를 토대로 이룩된 고려 후 · 말기의 양식을 반영하였다(안휘준, 1993). 북송 산수화의 이지적인 균형의 질서를 근간으로 하면서도 각각의 경물을 덧붙이는 형식으로 배열한 것은 원대의 곽희파 화풍에 더 가깝다. 그리고 형식화된 굴곡진 이빨형 돌기와 그 안에 하나씩 찍혀 있는 까만 점을 비롯해 화면 우측의 도원경 구도와 암석다발의 중첩된 양태는 13~14세기 고려 불화의 산수 바위 표현 등을 계승한 것으로 보인다.

이러한 고전 산수화는 북송대의 곽희파 양식에서 점차 남송대의 마하파 양식이 가미되는 방향으로 전개되었는데, 안견과 그의 유파에 의해 조선풍으로 융합되었다. 원대의 회화 경향처럼 절충적이며 혼합적인 성격을 띠고 있는 이러한 화풍은 굴곡이 심한 강렬한 형태의 경물들과 높고 험하며 넓고 먼 경관의 대비적인 구성, 화면 바탕과 묵조의 심한 대조 효과 등을 통해 천지자연의 무궁한 조화와 질서를 내장하고 있는 산수의 생성하는 활기와 신묘한 변화를 역동적이면서도 질박한 느낌으로 담아냈다. 1539년 일본의 선승 손카이(尊海)가 조선에 왔다가 귀국하면서 가지고 간 〈소상팔경도〉 병풍에는 편파구도와 단선점준(短線点皴)의 사용을 비롯해 당시 안견계 화풍의 특징이 잘 반영되어 있다(도 29)(안휘준, 1988). 그러나 이와 같은 정형 산수화는 자연에서의 상태가 아닌 이상적인 자연성의 이미지로 조합한 것이기 때문에 작가와 대상 간의 직접적인 교류가 배제된 채 형식과 격조를 추종하는 것이 관습화되고, 이러한 성향을 지닌 절파 화풍을 수용함에 따라 점차 화면이 평면화되고 짙고 옅은 묵조에 의해 장식화되는 경향을 보이게 된다.

김시와 이경윤 · 이징 · 김명국 등으로 이어지며 성행한 중기의 산수

도 29. 작가 미상 〈소상야우〉(소상팔경도 병풍 중 1폭) 조선 1539년 이전, 종이에 수묵, 98.3×49.9cm, 일본 大願寺

화는 자연을 향유하는 그림 속 인물이 주제의 핵심을 이루는 새로운 경향을 나타냈다. 구도와 필묵법 등은 명대의 후기 절파 양식을 토대로 좀 더 평면화되는 조선화의 특징을 형성하였다. 김시(1523~1593)의 〈동자견려도〉(도 30)는 비스듬히 솟은 주봉과 커다란 소나무 아래서 개울을 건너지 않으려는 나귀를 끌며 실랑이를 벌이고 있는 동자의 모습을 그린 것으로, 강렬한 묵조의 지배하에 구사된 밝고 어두운 명부와 암부의 극심한 흑백 대비와 부벽준의 거친 붓질 등이 자극적이다.

한편 12세기 초반의 고려 중기 무렵부터 전개되었던 기존의 실용적인 실경도가 16세기 중엽에서 17세기를 통해, 명대 중기 이래의 반의고주의(反擬古主義)에 의한 실경주의와 명산대천 유람 붐에 따른 기행사경도의 파급으로, 좋은 경치를 보며 즐기는 승경낙도(勝景樂道)를 방안에 누워서 거닐며 누리는 와유(臥遊)의 감상물로서의 실경 산수화로의 전환이 이루어지기 시작했다. 이러한 전환에는 기존의 지형도식 실경을 화원들을 통해 사실적으로 갱신하려고 한 명종의 노력도 작용했지만, 고려 말에서 조선 초기에 걸쳐 예배용으로 중국 황실에 예물로 보내던 금강산도를 와유물로 그리기 시작한 김시와 조속(1595~1668) 등의 문인 화가들의 선구적 역할이 작용하였다. 금강산을 탐승하면서 절경을 보면 문득 말에서 내려 앉아 눈앞의 광경을 뜻에 따라 그렸다고 하는 조속은, 금강산의 전체 경관을 지도처럼 한 화폭에 그려 넣는 종래의 전경도식에서 좀 더 효과적인 와유를 위해 유람한 장소별로 따로 그리는 각경도(各景圖) 형식을 창안한 것으로 전한다. 이 시기의 실경 산수화는 기존의 지형도나 계회도(契會圖) 등의 기록화의 수법과 산수유람 풍조를 배경으로 명나라 말기에 출간된 『해내기관(海內奇觀)』과 같은 명승판화집의 화풍을 혼합하여 나타낸 것으로 파악된다(고연희, 2001).

도 30. 김시 〈동자견려도〉 조선 16세기 후반, 비단에 담채, 111×46cm, 삼성미술관 리움

도 31. 작가 미상 〈독서당계회도〉(부분) 조선 1531년, 종이에 수묵, 개인 소장

16세기를 통해 성행한 계회도는 사대부들의 관료 의식과 풍류 의식을 배경으로 창출된 조선화 특유의 장르로서 모임 장소인 한양 주변의 명승지를 실경으로 화면에 담기도 했다(안휘준, 1988). 계회도는 세종 11년(1429)에 태평성세를 즐기기 위해 3월 3일과 9월 9일을 '영절(令節)'로 정하여 대소 관원들과 선비들로 하여금 경치 좋은 곳을 선택하여 놀게 하고 그 태평한 기상을 형용하도록 한 조치와 관련하여 대두된 것이다. 처음에는 여러 이름으로 지칭되다가 16세기 전반의 중종기에 '계회도'로 명칭이

통일되면서 성행하였다. 1531년 작품인 〈독서당계회도〉(도 31)는 한강의 동호에서 배를 타고 모임을 즐기는 광경을 기록화의 차원에서 묘사한 것으로, 압구정에서 바라본 지금의 옥수동 일대와 멀리 북악산과 삼각산까지 그려져 있는데, 안견계 양식 등이 반영된 이 시기의 실경 산수화풍을 엿볼 수 있다.

인물화의 새로운 전개

고려시대에 제도적으로 확립된 인물화의 전통은 조선시대로 계승되면서 한층 더 활성화되었다. 새 왕조의 주체 세력을 미화하고 선양하는 역할을 주도한 초상화는 전신 좌상으로 묘사된 왕의 어진과 공신상을 중심으로 전개되었으며, 도화서 화원들은 왕의 초상을 그리는 어용화사로 발탁되는 것을 가장 큰 영광이자 출세의 상징으로 생각하였다. 최경과 이상좌 · 배련 · 이흥효는 조선 전기에 이름을 날린 최고의 어용화사로 높은 등급의 관직을 제수 받기도 했다.

화원들은 형모의 정직한 보존을 위하여 정성을 다해 정확하게 묘사하고 감탄할 만큼 세밀한 필선을 구사하여 조선시대 인물화의 정수로 손꼽히는 작품을 남겼다. 그리고 상주의 인품과 정기까지 담아내어 동아시아에서 가장 수준 높은 기량을 보여주었다. 그중에서도 백미는 왕의 어진을 그린 것이다. 그러나 역대 왕의 초상 가운데 유일하게 온전한 형태로 남아 있는 것은 전주 경기전 소장의 〈태조 어진〉뿐이며, 그것도 영희전에 봉안중이던 어용을 1872년에 옮겨 그린 이모본이다. 정면을 응시하는 근엄한 표정과 좌우 대칭의 엄격한 구성, 정교한 문양과 화려한 색채의 대비 등을 통해 위엄과 장엄성을 갖추었을 조선 왕조 어진의 편영을 얼마간 엿볼 수 있다.

의자에 앉아 있는 공신상의 경우, 고려시대나 중국과 달리 4분의 3 정도 왼쪽 방향으로 자리잡은 '좌안 8분면'을 선호한 것 같다. 안면은 〈유근상〉(도 32)에서 볼 수 있듯이 중기경부터 관상학적 굴곡과 피부결의 육리문을 따라 무수히 많은 잔 붓질을 가해 치밀하게 묘사했으며, 바닥에는 장식적인 채전을 그려 넣어 호사스런 분위기를 조성하기도 했다(조선미, 1983).

조선 전기에는 초상화 못지않게 고사인물화도 주류 화목으로 많이 그려졌다. 유교적 이상국가 건설을 표방하며 개창한 조선 왕조는 이와 관련된 윤리 의식의 고취와 도덕성 함양을 위해 충신과 효자 · 열녀와 같은 모범적 인물들의 일화를 목판화로 제작해 유포했는가 하면, 사대부들은 처사적인 취향에 따라 은일풍류 고사들의 자연친화적 장면을 즐겨 그리고 애완하였다. 사대부상 확립이라는 시대적 과제와도 결부되어 부각된 고사화는 세종기의 대표적인 문인 화가 강희안의 〈고사관수도〉에서 볼 수 있는 선구적인 화풍을 계승하여 16세기 후반 무렵부터 절파 양식이 첨가된 수묵풍의 간일한 소경 인물화 형식으로 성행하였다. 〈고사관수도〉(도 33)에서 바위 위에 엎드려 흐르는 물을 보며 명상에 잠긴 고사의 탈속적인 모습은 원대에 성행한 수묵 백의관음의 도상을 번안한 것으로, 강호 자연에서 초탈하게 지내는 것을 동경했던 사대부들의 이상적인 자화상을 보는 듯하다(홍선표, 1999). 그림 속 인물의 정적인 분위기와 달리 표현은 남송과 원대의 선여화풍(禪餘畵風)을 연상시키는 거칠고 활달한 필묵으로 이루어져 있어 대조를 보인다. 여백과 필묵의 흑백 대비 또한 경물들의 양감을 조성하면서 화면에 생기를 준다.

도석화의 경우, 임진왜란 이후 통신사를 수행하여 일본에 다녀온 김

도 32. 작가 미상 〈유근상〉 조선 16세기 말, 비단에 채색, 180.5×103.5cm, 개인 소장

도 33. 강희안 〈고사관수도〉 조선 15세기, 종이에 수묵, 23.4×15.7cm, 국립중앙박물관

도 34. 김명국 「달마도」
조선 1643년, 종이에 수묵,
83×57cm, 국립중앙박물관

명국과 한시각 같은 화원들에 의해 서너 번의 빠른 붓질로 그려내는 파격적인 감필풍(減筆風)의 선종화와 신선도가 등장했다. 선종의 개조를 그린 김명국의 〈달마도〉(도 34)는 창생의 활기와 필묵 자체의 과감한 표현력이 돋보이는 작품이다. 이러한 생략풍의 수묵 도석화는 일본에서 인기 있는 도상과 조선의 호방한 필묵법이 결합해 이룩된 것으로, 에도시대 초기의 일본인들에게 강렬한 인상과 깊은 감동을 주었다.

한편 이 시기의 불화에 묘사된 후궁이나 궁녀상 등을 통해 미인화 또는 사녀화의 새로운 양태를 엿볼 수 있다. 1459년 제작된 〈석보상절도〉의 참외형 얼굴의 궁중 여성상은 14세기 고려시대 불화의 미녀상과 송원대의 사녀상을 반영한 것이다. 이러한 경향이 1550년에 이자실(李自實)이 그린 〈32관음응신도〉와 1576년 제작된 〈안락국태자변상도〉,

1589년 〈감로회도〉의 궁녀상과 부녀자상에서 볼 수 있듯이 16세기 후반 무렵부터 단정하고 기품있는 이미지와 함께 삼백법의 화장 표현이 계속되면서도, 참외형의 '면장(面長)'한 얼굴은 복숭아처럼 둥글고 복스럽게 생긴 모습으로 변한다. 이러한 미인상은 당시 기록에도 전하듯이 임란 이전 한양 도성 사녀들의 풍요로운 모습을 반영한 것은 아닌지 모르겠다(홍선표, 2014).

조선 전기에는 이와 같은 인물화 외에도 풍속화가 새롭게 대두되었다. 신도읍지 한양의 번화상을 그린 성시풍속류를 비롯해 왕실 및 관아의 각종 행사 장면을 담은 관아 또는 관료 풍속류와 답청도 같은 세시풍속류 등 다양한 종류의 풍속화가 그려지기 시작했음을 문헌 기록을 통해 알 수 있다. 특히 세종기에는 유교적 민본주의에 의해 지배층의 안일함을 일깨우기 위한 『서경』의 무일(無逸) 정신과 『시경』의 빈풍도를 본받은 조선풍의 민생도류 풍속화가 제작된 사실이 왕조실록에 전한다. 이처럼 경직도를 포함한 민생도류 풍속화는 조선 후기 유행의 선도적 역할을 한 것으로 생각된다.

화조화의 성행

문인 화가와 화원 화가 모두 산수화와 인물화 못지않게 화조화도 즐겨 그렸다. 화조화는 다른 분야의 회화와 마찬가지로 고려 중기 이래 이룩된 창작과 수요의 기반 위에서 체계적인 발전을 보였다. 사실적인 채색화풍은 왕실 수요 등을 위해 도화서의 화원을 통하여 공식적으로 육성되었다. 왕실과 함께 회화 감상의 중추 세력이었던 사대부들은 화조화를 조화로운 자연세계나 세속을 벗어난 탈속(脫俗)의 표상으로 보고,

작가의 이러한 뜻을 담아 나타내는 우의(寓意)와 탁의(託意)의 대상이며 타고난 천성을 함양하는 매체로 인식했다.

조선 초기의 화조화는 화면 상단의 나무와 하단의 물이나 바위 위에 각각 종류를 달리하는 새들로 구성된 대경식(大景式) 구도에 비교적 정교한 필치로 채묵(彩墨)을 함께 구사한 화풍과 간결한 소경식(小景式) 구도에 같은 종류의 작은 새 1~2마리를 수묵 중심으로 소략하게 다룬 두 가지 경향으로 나누어 볼 수 있다. 채묵풍의 전자가 고려시대의 전통에 명대 초의 원체풍을 가미하여 전개되었다면, 수묵풍의 후자는 사대부들의 한묵 풍류로서 새롭게 부각된 경향으로 파악된다(홍선표, 1999).

이암의 〈화조구자도〉(도 35)는 전자의 경향을 반영한 대표작이다. 이 작품의 상반부에 묘사된 윤곽선을 먼저 그리고 칠하는 구륵 진풍의 꽃나무와 윤곽선 없이 묘사된 몰골 채색풍에 가까운 새의 장식적이면서도 천연스러운 양태는 자연세계의 천진한 정취와 미감을 자아낸다. 이암은 매와 개 그림에도 능하여 이 분야의 가장 뛰어난 작가로 평가받았을 뿐 아니라 일본의 문헌에서도 그의 작품에 대해 조선풍이 보인다며 '유조선화풍(有朝鮮畵風)'이라고 명기해 놓았다. 그의 이와 같은 정감어린 서정적인 회화 세계는 조선시대 화조화풍의 근간을 이룬 의의를 지닌다.

사대부 사회에서 '기묘명현(己卯名賢)'으로 추앙된 김정이 그린 것으로 전하는 화조화들은 작은 화면에 다루어진 소경식 구도에 수묵 위주의 간결 담백한 화풍을 보여준다. 이러한 수묵풍의 소경 구도는 1~2마리 새를 중심으로 구성된 것으로, 몇 개로 절지(折枝)된 나뭇가지 끝에 배치된 극도로 간소한 것과 물가나 계곡 주변의 바위나 절벽 또는 초화 등 자연경의 한 부분에 그려진 것으로 나누어 볼 수 있다.

전자는 주로 매화와 대나무 · 산사(山査)나무 등의 가지 위에 할미새

도 35. 이암 〈화조구자도〉 조선 16세기 중엽, 종이에 채색, 86×44.9cm, 삼성미술관 리움

와 박새 · 도요새 · 까치 등의 작은 산새류를 성글고 거친 필치의 조필(粗筆), 또는 방필(放筆)의 사의체(寫意體) 수묵풍으로 그린 것으로 남송 이래 화제로 사용되던 '소지영모(疎枝翎毛)'에 해당되는 것이다. 그리고 후자는 변각 구도에 명대의 절파계 수묵풍으로 다루었으며 편경적(片景的)인 구성을 보여준다. 자연물의 재현적인 묘사보다는 작가의 의취와 정취적 표현에 중점을 둔 수묵 소경화조화는 절파풍의 필묵법을 좀 더 적극적으로 수용하면서 16세기 후반으로 계승되어 화조화의 주류를 이루게 된다.

소지영모류는 청렴과 지조의 사대부로 이름 높았던 조속에 의해 절정을 이루며 성행하였다. 조속의 화풍은 새의 표현이나 세모꼴의 나뭇잎 등에서 전반적으로 고담(枯淡)한 문기(文氣)와 운치가 풍기는 격조를 보여준다. 특히 비백체(飛白體)의 힘찬 붓질로 쳐 올린 성근 매화가지에 앉아 있는 까치의 고적한 모습이 돋보이는 〈고매서작도(古梅瑞鵲圖)〉(도 36)는 조속의 화격을 가장 잘 보여주는 대표작이다. 먼 곳을 응시하며 꿋꿋하게 봄을 기다리고 있는 듯이 보이는 까치를 나타낸 갈필의 짙고 굳센 풍격은 조선 중기 특유의 묵매풍과 어우러져 작가의 고결한 기상과 병자호란으로 야기된 고난의 시절을 극복하려는 듯 대춘(待春)의 의취를 여실히 느끼게 한다.

이 시기 화조화의 주류를 이루었던 소경영모화에서 소지영모류와 함께 성행한 것이 편경 또는 편각경(偏角景) 영모류이다. 남송대의 변각 구도와 절파계의 묵법이 결합된 이러한 편경 영모류는 김식(1579~1662)과 이징(1581~?)에 의해 이 시기 특유의 양식으로 발전하였다. 김식의 편경 영모류의 소품들은 그의 소와 말 그림들에서처럼 윤곽선이 배제된 묵법으로 곱고 매끈하게 선염하고 평면적이면서도 규칙적인 형

도 36. 조속 〈고매서작도〉 조선 17세기 전반, 종이에 수묵, 100.4×55.5cm, 간송미술관

태로 나타냄으로써 도안화된 느낌을 주면서도 전체적으로 정감어린 분위기를 짙게 풍긴다.

이와 같은 표현법과 서정 양상은 이징에 의해 더욱 심화되면서 전형화를 이루었다. 〈요당원앙도(蓼塘鴛鴦圖)〉(도 37)는 여뀌가 피어 있는 바위 아래 물속에서 정겹게 노니는 원앙 한 쌍을 그린 것이다. 흑백 대비가 심한 각이 지고 평판적인 바위면의 겹쳐 있는 모양과 편각적으로 돌출된 양태, 장식적으로 표면 처리된 부벽준을 비롯해 몰골풍의 규칙적이며 명료한 원앙의 깃털 묘사와 점묘풍으로 도안화된 초화와 수초의 표현에서는 이 시기 특유의 정취와 특징이 넘쳐 있다. 특히 산수의 한 조각 편경과 한 쌍의 새를 수묵의 독특한 표현성과 자연세계의 천연감, 그리고 풍토적인 정서를 결합하여 조화롭게 나타낸 것은, 이 시기의 수묵풍 소나 말 그림과 함께 이른바 민예미에 기반을 둔 한국적 미감과 정감의 세계를 대변해 준다고 하겠다.

도 37. 이징 〈요당원앙도〉
조선 17세기 전반, 비단에 수묵담채, 21×31cm, 간송미술관

한편 수묵화훼를 대표하는 사군자 그림도 이상적인 사대부상의 표상으로 성행하였다. 특히 중기에 이르러 각기 전개되던 매 · 난 · 국 · 죽이 사군자의 한 벌 그림으로 다루어지기 시작했으며, 1606년 명나라 사신으로 우리나라에 온 문인 화가 주지번(朱之蕃)이 조선의 문인 화가 이영윤과 이정 · 어몽룡의 묵죽과 묵매 그림을 보고, 큰 댓잎은 버들잎 같고

도 38. 어몽룡 〈월매도〉 조선 17세기 초, 비단에 수묵, 119.2×53cm, 국립중앙박물관

작은 것은 갈대 같으며 매화는 살구꽃 같아 모두 '개필법(改筆法)'이라고 평했을 정도로 그 특색이 두드러졌다. 이정의 묵죽과 더불어 쌍벽을 이룬 어몽룡(1566~?)의 〈월매도〉(도 38)는 교교한 달빛 아래서 봄을 알리기 위해 추위를 무릅쓰고 제일 먼저 핀 매화의 고아한 모습을 그린 것으로, 극기적이고 선구적인 사대부상을 보는 듯하다. 하늘을 향해 수직으로 강건하게 솟아오른 중앙 직립식 구도, 비백체(飛白體)의 성근 붓질로 구사된 늙은 줄기와 빼어나게 뻗은 새 가지들의 대비, 농도를 달리하는 먹색의 미묘한 진동과 화면에 활기를 주는 먹점의 악센트 효과 등은 매화의 간소한 자태와 함께 사대부의 기상이 느껴진다.

V. 조선 후기 회화

조선 왕조 후기는 임진년(1592)과 병자년(1636)에 일어난 두 차례의 큰 전쟁으로 심하게 타격받은 사회 전반을 복구하고 개혁하기 위한 새롭고 다양한 움직임이 각 분야에 걸쳐 활발하게 일어난 시기였다. 특히 왕조를 다시 세운다는 재건의 노력으로 생산력이 증대되었고, 은을 매개로 한 물화의 활발한 유통으로 경제 성장을 이룩했으며, 수도인 한양을 비롯한 큰 도읍에서는 인구 증가와 함께 전에는 볼 수 없었던 도시적인 번영과 활기를 이루었다. 이러한 내재적 기반 위에서 한양과 경기 지역의 경화사족(京華士族)들은 명 말기의 변혁적인 비평 사조와 세속을 초월한 탈속·심미적인 문인 취미의 수용을 통해 새로운 문예 환경을 조성하고 기존의 사조를 갱신하며 양적인 팽창과 질적인 변화를 도모하였다. 그것은 새롭게 문화 담당층으로 성장한 화원을 포함한 비양반 출신 여항 문인(閭巷文人)들의 활약으로 크게 증폭되었다. 왕조 중흥의 활력과 신문인주의, 서학 동점의 새로운 동아시아 국제 조류의 확산과 더불어 일어난 이와 같은 변화들은 한국의 중세 문화를 난숙케 하고 근대 이행의 토대를 마련하면서 조선풍의 문화를 약진시킨 의의를 지닌다고 하겠다(홍선표, 1999).

회화 분야에서도 이러한 왕조 재건과 문화 갱신의 시대 조류와 결합되어 앞 시대와 확연히 구별되는 새로운 활동과 경향이 숙종기(1675~1720)부터 본격적으로 나타나기 시작했다. 16세기 후반의 선조기를 통해 파급되기 시작했던 명대 말기의 고동서화 취미를 비롯한 문인 문화의 유행 열기가 17세기 후반에 이르러 경화사족들 사이로 퍼지면서 회화 애호 풍조를 크게 진작시켰다. 이러한 풍조가 중인층 여항 문인과 시정(市井)으로까지 확산되면서 그림을 그리고 이를 수집, 감상, 감식, 품평하는 등의 회화 활동이 더욱 활발해졌다.

그리고 회화 자체에 대한 인식이나 창작에 관한 사상과 태도도 새롭게 변모되었다. 표현 방법 또한 명대 말기를 통해 문인주의와 문인화 우월론에 토대를 두고 정통성을 확립한 남종화법을 본격적으로 활용하여 기존의 화풍을 쇄신시켜 나갔으며, 묘사 대상의 핍진감을 보완하기 위해 서양화법을 수용하여 개량화를 시도하기도 했다. 명승과 명소 등 이상화된 특정의 실물 자연 경관과 사 · 농 · 공 · 상 사민의 생업 및 민간에서의 생활 정경을 그린 실경 산수화와 풍속화도 종래의 실무적 · 실용적 그림과는 질적으로 다른 새 경향으로 성행되었다. 그리고 궁중 장식화의 전개와 더불어 이러한 화습이 기복호사(祈福豪奢) 풍조와 결부되어 여항가의 가옥과 행사장을 치장하는 길상벽사적(吉祥辟邪的)인 민화류를 범람시켰으며 신감각의 화훼잡화류가 유행하였다.

회화 애호 풍조의 확산과 창작 태도의 변화

서화 골동 수집 붐과 시문 · 서화 · 음악의 애호 및 산수유람 풍조는 문예적인 호고(好古) 의식을 지닌 경화사족들에 의해 계승되어 널리 확산되었다. 특히 회화 애호벽은 서인계 문사 중심으로 퍼져나가 앞서 언급

했듯이 17세기 후반에 이르러 당색과 신분을 초월하여 전개되기 시작한 연장선상에서 성행하였다. 그림을 수집하고 감상하고 그리기를 좋아하는 것이 '고질병'이 되어 "배고픔과 목마름도 잊은 채 몰두하는" 마니아들이 늘어났으며, 이정섭(1688~1744)이 "요즈음 사람들은 서화를 많이 모으는 것을 고상한 취향으로 삼아 누가 한 조각 화폭이라도 가지고 있다는 소문을 듣기만 하면 수단과 방법을 가리지 않고 반드시 구입하여 농짝을 가득 채우고 대나무 상자가 넘치게 하여 보물처럼 자랑하며 수장한다"고 했듯이 과열 현상을 빚기도 했다.

숙종기와 영조 전기인 18세기 전반에는 이러한 풍조를 한양 북부에 주거하던 집권층인 노론 및 소론계와 수도권 지역의 남인과 소북계 양반 문인들이 주도했으며, 영조 후기와 정조기인 18세기 후반을 통해서는 서얼 지식인과 역관 · 의관 등의 기술직 중인 및 하급 관리인 아전 · 서리배와 부유한 상인층 사이에서도 유행하면서 절정을 이루었고 회화 활동의 양적 팽창을 초래하게 되었다(홍선표, 1999). 18세기 중엽 전후에 활동한 권국진은 이러한 양상에 대해 "우리나라 서화가 지금처럼 왕성한 적이 없다"고 증언한 바 있다.

그리고 회화 자체에 대한 인식이나 창작에 관한 사상과 태도도 새롭게 변모되었다. 애호벽에 의한 회화 활동의 양적 팽창은 '감상학'과 같은 전문 영역의 형성과 함께 이론 비평과 실제 비평에서도 두드러진 진전을 이룩하였다. 회화가 경학에 버금갈 정도로 전문적으로 그 가치를 추구하고 논의하는 경향을 보이게 된 것이다. 그리고 회화에 대한 이론적 · 이념적 언술이 증대되면서 이 시기의 개혁 의지와 밀착되어 기존 사조를 반성하고 비판하는 비평 의식이 팽배해졌다. 이러한 비평 의식은 회화관과 창작론 등의 회화 사상에 변화를 초래했을 뿐 아니라 주제와 양식의 새로운 경향 창출에도 역동적으로 작용한 의의를 지닌다.

경화사족들은 종래의 아마추어적인 여기관에서 탈피하여 전문적인 예술로서의 회화 창작과 감상도 높은 경지에 이르기 위해서는 집중적인 노력과 지속적인 탐구가 필수적임을 강조했다. 상대적 가치관이기는 했지만, 사대부들이 회화에서 이름을 남기는 것을 수치로 생각하던 기존의 천기관에서도 벗어나 "서화에서 명성을 떨치고 후세에 이름을 남기면 관료로서 입신양명하는 것과 방법은 다르지만, 부모의 이름을 빛나게 하는 것은 같다"고 하여 그림에서의 명성도 효도로 볼 만큼 매우 긍정적으로 인식하게 된 것이다. 그리고 본말이 전도되어서는 안 된다는 관점에서 강조되었던 조선 전기의 경계적인 '완물상지'의 언설 또한 이 시기를 통해 약화되고, 그 대신 세계 인식의 토대로서 사물의 이치를 직접 관조 · 파악하는 관물론적(觀物論的) 측면에서 완물을 중시하는 관념이 대두되었으며, 이와 더불어 천기론(天機論)이 새롭게 부각되었다(홍선표, 1999).

만물을 만들고 변화시키는 하늘 또는 자연의 창생적(創生的)인 신묘한 조화술을 배울 것을 강조한 천기론은 동기창을 비롯한 명대 말기 문인들에 의해 정해진 법식을 답습하며 인위적인 기술에 예속된 직업 화가의 그림과 변별되는 남종 문인화 창작의 핵심 개념으로 대두되었던 것이다. 조선 후기를 통해 흥기된 천기론은 서화 대수장가이며 감평가인 이하곤(1677~1724)이 "무릇 그림은 옛사람을 상투적으로 모방하면 필세가 제한받아 천기를 발현 못한다"고 했듯이 의고주의 풍조를 반대하는 비평 의식과 결부되어 개진된 특징을 지닌다. 천기론에 의거한 이러한 반모방적인 입장에서 대상물과의 직접적인 교감을 통해 체득하여 표현하는 '자득(自得)'적인 창작 태도가 중시된 것이다. 조영석(1686~1761)은 "화본을 보고 그리지 말고 실물에 의해 참모습을 그려야 살아 있는 그림이 된다"고 했다. 조영석과 이웃해 살면서 거의 매일 아침 · 저녁으로 왕래하며 교유했던 겸재 정선(1676~1759)도 실물을 직접 대하고 그림으로써 형상을 나타내고 먹을 쓰는 것이 가슴속에서 스스로 터득되었다고 한다.

이러한 자득적 창작 태도에 따라 직접 관조하고 유람할 수 있는 현존하는 실물 제재가 묘사 대상으로 선호되었다. 실물의 취재는 민족주의적이고 현실주의적 차원에서의 의미보다 우주 만물의 창생적인 신묘한 조화와 사물의 도체인 '진(眞)'이나 '신(神)'을 직접 나타내기 위해서였다. 묘사 대상인 자연물의 '진'이나 '신'을 구현하기 위해 '고인(古人)'(=옛 문인화 대가)들이 이룩한 '고의(古意)'와 '고법(古法)'을 그 뜻을 계승하는 '방고'의 차원에서 추구하면서, 이를 당세의 실물을 통해 실천하는 '방고참금(倣古參今)'과 '법고시습(法古時習)'의 자세로 그리고자 했던 것이다(홍선표, 1999 및 2014).

이와 같이 문인화 본연의 창생적 창작을 온전하게 실현하기 위해 고전과 실물의 상호 보완적인 관계에서 천지만물의 '진'이나 '신'을 재현하고자 했던 창작론은 방법적으로 이원화의 경향을 띠며 전개되었다. 실물상의 경우, 형상과 닮은 양태를 통해 그 '신'을 옮겨내는 형사적 전신론을 중시했으며, 18세기의 창작 경향을 주도하였다. 고전상은 자연과 합일 · 동화되어 그 본체적 형상이 작가의 가슴속에 서린 이미지를 통해 외형을 뛰어넘어 '신'을 적출하는 사의적 전신론을 강조했으며, 19세기 감상물 창작의 주류를 이루었다(홍선표, 1999).

새로운 화법의 수용과 전개

표현 방법 또한 명대 말기를 통해 문인주의와 문인화 우월론에 토대를 두고 정통성을 확립한 남종화법을 본격적으로 활용하여 기존의 화풍을 쇄신시켜 나갔으며, 묘사 대상의 사실감을 보완하기 위해 서양화법을 수용하여 개량화를 시도하기도 했다. 남종화법의 조형 요소인 미법(米法)이나 피마준이 고려 말기의 전칭 작품과 조선 초기의 몇 작품에 부분적으로 사용한 흔적이 보이지만, 원 말 사대가와 명대의 오파(吳派) · 동기창(董其昌) 등 남종화 계보의 대표적인 문인화가들의 화적이 소개되고 전래되는 것은 16세기 후반의 선조기부터였다(안휘준, 1988).

그러나 남종화법을 수용하여 본격적으로 활용하기 시작한 것은 창작 이념적으로나 조형적으로 문인 화가로서의 자의식을 지닌 작가들이 대두하는 숙종기부터로, 윤두서(1668~1715)가 이러한 새로운 타입의 선구적인 문인 화가였다. 당시 감평가들은 윤두서를 종래의 문인 화가와는 질적으로 다른 고전관을 가지고 기존의 창작 풍토를 개혁하면서 "회화의 새 시대를 연" 작가로 평가하였다. 윤두서는 남종화법을 『고씨화보(顧氏畵譜)』와 『당시화보(唐詩畵譜)』 등을 통해 습득했으며, 〈소림모정도〉(도 39)에서처럼 예찬풍 구도에 갈필의 간결

도 39. 윤두서 〈소림모정도〉 조선 18세기 초, 종이에 수묵담채, 해남 윤씨 종가

한 선묘 및 준찰과 함께 소산한 느낌의 문기를 풍기는 등 남종 문인화의 경지와 격조를 보여준다. 그리고 정선과 심사정(1707~1769)으로 이어지면서 형성된 조선풍 남종화의 특징인 안견파와 조선 절파 등의 전통 양식과 혼합 경향을 지닌 절충 화풍을 시도하기도 했다.

숙종기의 남종화법은 윤두서의 절친한 그림 감상 친구였던 이하곤과 아들 윤덕희(1685~1766)를 비롯해 이하곤과 교유한 정선과 조영석을 통해 확산되었다. 이러한 확산에는 남종화를 문인화의 정통으로 숭상하고 원체풍의 북종화를 폄하한 동기창의 '상남폄북론(尙南貶北論)'에 대한 공감과 함께 남종계 작품들의 유입, 그리고 화보류가 중요한 역할을 하였다. 그중에서도 1679년 초집이 발간된 『개자원화전』은 동아시아의 남종화법 보급에 교재적 역할을 했는데, 다색 판화로 간행되었기 때문에 기존의 묵화적 분위기를 신감각의 수묵담채풍으로 전환하는 데도 크게 기여하였다. 조영석은 '남파'와 '북파'의 분종과 문인 화가풍과 직업 화가풍의 차이에 대해 언술했으며, 청대 초 안휘파인 홍인(弘仁)의 신흥 양식을 활용하는 전위적인 태도를 보여주기도 했다.

윤두서 등에 의해 활용되기 시작한 남종화법은 다음 세대 문인 화가인 심사정 · 허필(1709~1768) · 이인상(1710~1760) · 강세황(1713~1791)과 중인 출신의 여항 문인 화가 최북(1712~1786) 등에게로 계승되는 영조기(1725~1776)를 통해 주류화되었다. 이 시기에는 원 말 사대가와 명대 오파의 대표적인 문인 화가들의 화의와 필묵법을 참된 '진취(眞趣)'로서 배우고 정통 고전으로 재창출하기 위해 '방작(倣作)'을 의식적으로 시도했으며, 청대 개성파 문인 화가들의 참신한 신흥 양식도 적극적으로 수용하기 시작하였다(한정희, 1999). 그리고 심사정에 의해 남종화법을 중심으로 여러 화풍을 혼합하여 형식미를 구현하는 경향과 이인상과 강세황에 의해 문인화로서의 이념미를 추구하는 경향으로 크게 나뉘어 전개되었다. 이인상의 〈설송도〉(도 40)는 눈 덮인 노송의 기상을 그린 것으로 고결했던 그의 인품과 함께 현묘하고 질박한 필묵미의 극치를 보여준다.

정조기(1777~1800)에 이르러 남종화법은 김응환(1742~1789)과 김홍도(1745~1806년경) · 이인문(1745~1821) 등의 화원 화가들에 의해 관학화되었으며, 형식미 구현의 경향과 결부되어 이한철(1808~1880년경)과 유숙(1827~1873)을 통해 19세기로 이어졌다. 이들과 달리 윤제홍(1764~ ?) · 신위(1769~1845) · 김정희(1786~1856) 등의 양반 문인 화가와 이유신 · 이재관(1783~1837) · 조희룡(1789~1866) · 허련(1809~1892) · 전기(1825~1854) · 김수철 등의 여항 문인 화가들은 주로 이인상과 강세황처럼 문인화의 본질적인 고도의 이념미와 서예적인 '문자향'이 풍기는 일격풍의 농축된 조형미를 추구하였다(도 41). 그리고 맑고 고운 담채의 감각적 효과를 활용한 이색 화풍을 구사하기도 했다(안휘준, 1980). 이들 문인 화가의 새 경향은 외형과 범속을 초월한 정신과 문기가 지배하는 작가의 심의를 사물의 본체인 진형(眞形)의 이미지로 나타내고자 한 사의적 전신론과 더불어 김정희의 주도와 지도로 성행했으며, 서화 시대의 또 다른 절정을 이루었다.

조희룡의 《매수화첩》에 수록된 〈괴석도〉(도 42)는 극도의 사의체를 보여준다. 굵은 담묵선으로 돌의 윤곽을 나타내고 그 주변으로 짙고 옅은 크고 작은 먹점들을 "마음 내키는 대로 종이 위에 떨어트려" 스스로 번지게 하여 '기격(奇格)'을 이루게 한 조희룡 특유의 '난말풍(亂抹風)'이 발휘된 작품이다. 임자도 유배 시절인 만년에 바다 돌을 즐겨 그리면서 고도의 사의성과 표현성으로 창작한 조형적 실험이 돋보인다. 그리고 도시화의 진전에 따른 수요층의 증가와 시정 예술의 발달 등과 결부되어

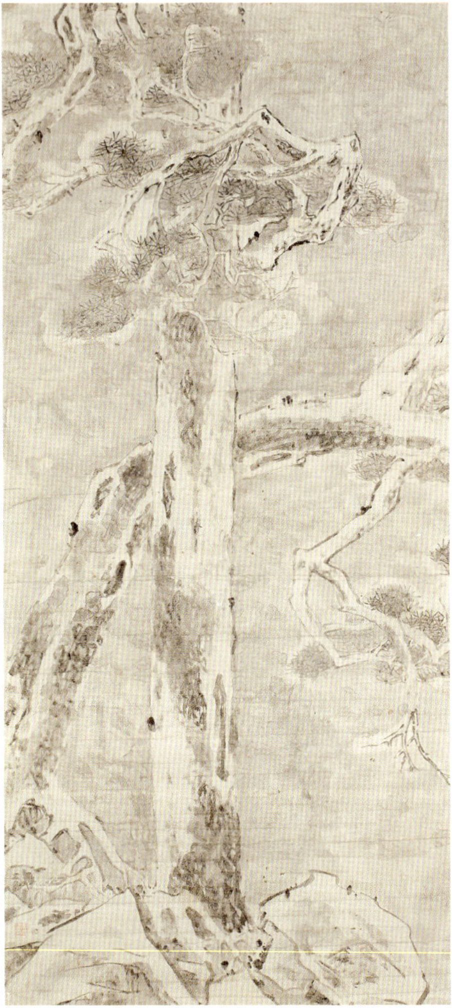

도 40. 이인상 〈설송도〉 조선 18세기 중엽, 종이에 수묵, 117.2×52.8cm, 국립중앙박물관

도 41. 전기 〈산수도〉 조선 19세기 중엽, 종이에 수묵, 19.7×29.2cm, 국립중앙박물관

도 42. 조희룡 〈괴석도〉 조선 19세기 전반, 종이에 수묵, 22.1×26cm, 서울역사박물관

도 43. 김수철 〈설송서옥도〉 조선 19세기 중엽, 종이에 수묵담채, 간송미술관

김수철에 의해 새로운 감각의 참신하면서 장식적인 화풍도 대두되었다(도 43). 19세기 말엽의 개화기에는 이러한 변화와 더불어 상해 화단과의 관계가 밀접해지면서 장승업(1843~1897)의 오원 양식이 형성되었고 조석진(1853~1920)과 안중식(1861~1919)을 통해 근대기의 전통 회화로 계승된다.

서양화법도 숙종기를 통해 수용되기 시작하였다. 이 시기에는 자득적 창작 태도의 흥기와 국왕 생전시 어진 제작의 시행 등과 결부되어 형사적 전신론이 확대되고, 북벌론으로 야기되었던 청나라와의 긴장 관계가 완화되면서 두 나라의 문물 교류가 활성화되었다. 따라서 서양화법은 한역본(漢譯本) 서양서적인 서학서에 수록된 시학(視學) 지식과 함께 〈만국

도 44. 김진여 '괴수상' 〈만국곤여전도〉 8첩 병풍(세부) 조선 1708년, 종이에 채색, 172×532cm, 서울대박물관

곤여전도〉와 『패문재경직도』 등을 통해 중국의 서양화풍인 중서화(中西畵)의 상태로 도입되기 시작한 것이다(홍선표, 2014). 선원근법과 음영법으로 이루어진 서양화법은 숙종기 후반부터 김진여를 비롯한 화원 화가들에 의해 구사되기 시작하여(도 44), 정조기에 김홍도의 주도하에 초상화와 행사도 · 기록화 등 화원화의 시대 양식으로 형성되었고, 시각적 사실성 증진에 기여하였다. 그리고 서양화법인 '사면척량법(四面尺量法)' 으로 묘사한 문방책가화를 유행시킨 바 있다(도 45).

19세기에는 사의적인 문인화의 강세 속에서도 중국 원류설에 기반한 서기(西器) 수용론에 따라 그림자를 묘사하는 등의 심화되는 양상을 보였으며, 1880년경부터는 감로회도를 비롯해 불화로까지 확산되었다. 그

도 45. 장한종 〈문방책가도〉 8첩 병풍 조선 18세기 말~19세기 초, 종이에 채색, 206×436cm, 경기도박물관

러나 조선 후기에는 서양화법을 인간 중심의 시점으로 세계를 대상화하여 과학적 · 인공적으로 재현하고자 했던 근대적인 시각 체제에 대한 인식은 결핍된 상태로, 실물과 같은 효과를 주는 시각적 사실감 향상을 위한 양재적(洋才的) 수법으로 활용하였다. 서양화의 사조적 수용은 개화기 이후에야 이루어진다.

실경 산수화의 발흥

명산 명승과 명소 등 유명한 자연경관을 그린 실경 산수화는 고려시대 이래의 실무적 · 실용적 성격이 강했던 지형도 성향의 그림과는 질적으로 다른 새 경향으로 발흥했다. 17세기를 통해 감상물로 전환되기 시작한 실경 산수화는 숙종기 후반인 18세기 초에 이르러 겸재 정선의 활약으로 새롭게 창작되고 성행하게 된 것이다. 정선은 전문적인 기량을 갖춘 '유화배(儒畵輩)' 또는 '회소가(繪素家)'의 선구적 작가로도 미술사적 의의를 지니지만, 고전을 형식적으로 모방하던 기존의 산수화풍을 갱신하고 실경 산수화풍을 창신하여 한국 회화의 전통을 새롭게 수립한 '거벽'으로 특히 유명하다. 그의 이러한 창작 활동은 조선 후기를 문예 발흥과 회화 창달의 시대로 더욱 빛나게 했다는 점에서도 각별하다.

정선은 한양 북부 '백악예원(白岳藝苑)'의 일원으로 30대 무렵부터 그림으로 명성을 얻기 시작하여 당시 집권층이던 노론과 소론 등 서인계 서화 애호가들의 후원을 받으며 50여 년을 '명화가'로 활동하였다(최완수, 1994). 특히 그는 명대 말기의 문사들에 의해 정통성을 획득한 새로운 남종 문인화의 이념과 화법을 토대로 생성 화육하는 만물의 조화력을 스스로 터득하여 그리는 창생적 천기론에 의한 자득적 창작의 실천을 통해 도식적이고 모의적이던 기존 그림의 누습을 씻어낸 조선 산수화의 개혁자로 문사들 사회에서 각광받았다.

정선의 실경 산수화는 자연의 형세를 무시하고 법식에만 의존하여 의고적으로 그리던 상투적이고 획일화된 누습을 씻어내기 위한 자각과 결부되어 창작되었다. 그는 창생적 창작에 의해 이루어진 남종 문인화법을 습득하고 그 참뜻을 직접 실천하려는 마음으로 영동 및 영남과 한양의 여러 승경을 유람(=숙람)하며 산수의 기세와 기운을 직접 체득(=자득)하고 '붓이 무덤'을 이룰 정도로 피나는 노력을 하여 새로운 양식을 창출함으로써 '개벽'을 이루었다는 평을 들었던 것이다.

정선은 명승명소와 별서(別墅), 야외아집(野外雅集), 성읍 관아 등 모든 계열의 실경 산수화를 다루었는데, 한양과 그 근교를 비롯하여 금강산과 영동의 동해안 일대, 영남 지방과 단양 및 송도의 빼어난 유명 경관을 주로 그렸다. 그는 실물 경관을 대상물의 특질이나 그림의 용도에 따라 복희가 천지만물을 직접 '앙관부찰(仰觀俯察)' 하여 만들었다는 역상(易象)과 우주적인 음양조화의 이치를 토대로 위에서 내려다보는 부감시, 위로 올려다보는 앙시(仰視)를 혼용한 다시점과 활달한 각필(角筆) 및 편필(扁筆), 크고 작은 미점, 짙고 힘찬 묵찰과 맑고 우아한 담채의 대비적 효과를 통해 표현하였다. 그의 이러한 화풍은 고려시대부터의 오랜 전통 양식을 계승하여 대성시킨 〈금강전도〉(도 46)와 조선 절파풍 특유의 그래픽한 수묵법을 개성화하여 그린 〈박연폭포도〉(도 47), 명 말 청초 명산도와 원림도 계열 화풍을 재창조하여 이를 능가하는 천하의 조화경으로 이룩한 〈인왕제색도〉(도 48) 등에 잘 나타나 있다. 그리고 서울대 박물관 소장의 〈만폭동도〉는 빠른 스케치풍의 필치로 청각적인 요소까지 담아 낸 명품이며 쏟아져 내리는 폭포수와 계곡수의 소리까지 들리는 듯하다.

정선의 실경 산수화풍은 그의 아들과 손자를 비롯해 최북과 김유성 · 이성린 · 김응환 · 김희겸 · 장시흥 · 김석신 등 영조기의 화원 화가들 사이에서 주로 성행하였다(이동주, 1996). 또 통신사 수행 화원이었던 최북과 김유성 등을 통해 일본 에도시대의 남화풍에 영향을 미치기도 했다(홍선표, 근간). 그러나 이 시기의 심사정과 강세황 · 허필 · 김윤겸 · 이인상 · 이윤영 · 윤제홍 등의 문인 화가들은 정선의 실경 산수화법보다 오파와 안휘파의 실경 화풍이나 새로운 감각의 참신한 신흥 양식을 더 선호했다. 특히 강세황은 정선의 실경 화법을 이념적이라고 비판하고 초상화처럼 꼭 닮게 그릴 것을 강조하기도 했다(변영섭, 1988). 그의 주장과 심사정을 비롯한 문인 화가들의 실경 화풍은 강희언(1738~1783년경) · 김홍도 · 정수영(1743~1831) 등을 통해 정조와 순조기로 계승되어 서양화법과 신흥 양식이 가미된 사실적이고 감각적

도 46. 정선 〈금강전도〉 조선 18세기 전반, 종이에 담채, 130.6×94.1cm, 삼성미술관 리움

도 47. 정선 〈박연폭포도〉 조선 18세기 전반, 종이에 수묵, 119.1×52cm, 개인 소장

도 48. 정선 〈인왕제색도〉 조선 1751년, 종이에 수묵, 79.2×138.2cm, 삼성미술관 리움

인 양태로 발전하였다.

강세황과 강희언 · 김홍도 등의 실경 산수화는 시각 이미지의 재현을 위해 서양화법을 부분적으로 활용하기도 했지만, 윤제홍의 〈옥순봉도〉나 정수영의 《해산첩》에 수록된 〈구룡폭포도〉(도 49)는 구륵선과 선염만으로 이루어진 새로운 감각의 필묵미가 돋보인다. 사실적인 실경 산수화는 왕실과 사대부를 비롯한 고급 수요의 일정한 지속으로 엄치욱과 조정규 · 김하종 · 유숙 등 화원 화가를 통해 19세기로 이어졌다(박은순, 1997). 금강산도와 관동팔경도의 경우 수요층의 확산으로 도안풍의 민화류도 많이 그려졌다.

풍속화의 확대와 발전

조선 후기의 풍속화는 사 · 농 · 공 · 상 사민(四民)의 생활 모습인 '동국 풍속'을 농경 풍속과 도시 풍속, 관아 풍속과 세시풍속 등의 장면에 담아 낸 것이다. 풍속화는 숙종기부터 '속화'로 약칭되어 불리기 시작했으며, '풍속화'와 '이속도(俚俗圖)'로 지칭되기도 했다. 이러한 풍속화는 유교적 민본주의에 의한 '무일(無逸)' 정신에 의해 조선 초기부터 궁중 세화로도 제작된 '무일도'와 '빈풍도(豳風圖)' · '농가십이월도'와 같이 농사짓고 길쌈하는 경직(耕織) 풍속도 계열의 감계적인 효용물을 비롯해, 신도읍지 한양의 위용과 번화상을 그린 도시 풍속류와 왕실 및 관아의 각종 행사 장면을 담은 관아 풍속도, 답청도(踏靑圖) 등의 세시풍속 계열로 전개되어 왔다. 이와 같은 전통적 기반 위에서 17세기 이래 명대 말기의 패관소품과 함께 성행한 '시정이민(市井俚民)'의 세속 생활상을 그리는 풍조가 파급되면서 이 시기의 새로운 시대 조류와 결부되어 확

도 49. 정수영 〈구룡폭포도〉 조선 1799년, 종이에 수묵담채, 30.8×33.8cm, 국립중앙박물관

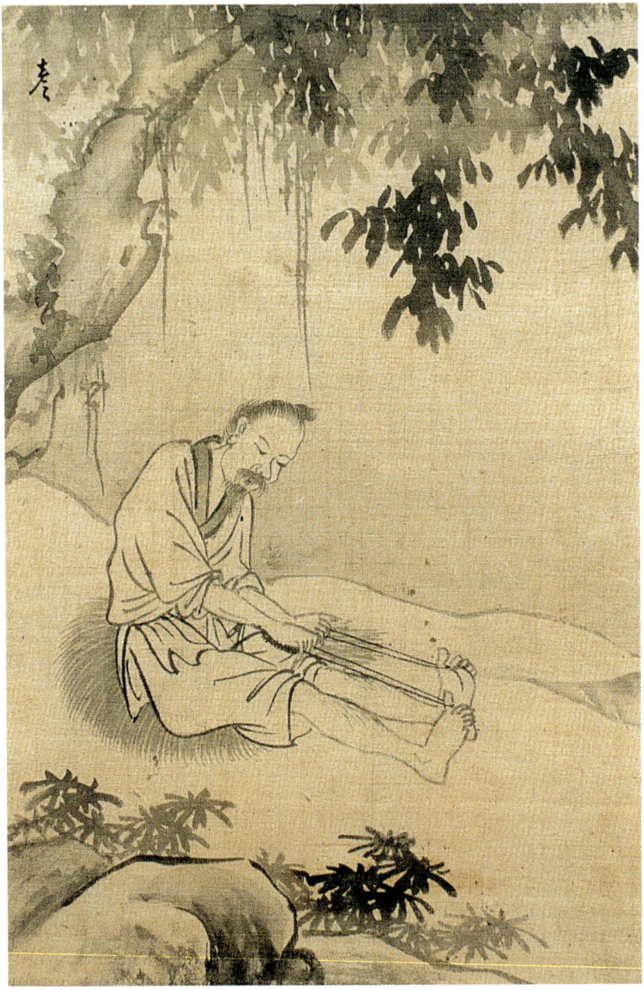

도 50. 윤두서 〈짚신삼기〉 조선 18세기 초엽, 종이에 수묵, 32.5×21.5cm, 해남 녹우당

대 · 유행되었다(홍선표, 1999).

조선 후기의 풍속화는 청나라 사신들의 요구에 의해 국가적 화업으로 그려지는 한편, 윤두서와 그 일가에 의해 향촌의 부지런한 생업 모습을 소경 인물화의 구도에 담은 경직류 풍속화의 전통적 맥락에서 전개되기 시작했다. 〈짚신삼기〉(도 50)는 윤두서의 향촌 풍속화로 상투를 튼 촌부가 잠방이에 옷소매를 걷어 올린 차림으로 나무 그늘 아래 짚방석을 깔고 앉아 양쪽 엄지발가락에 날줄을 끼워 당기면서 담담한 표정으로 짚신을 삼고 있는 모습이 묘사되어 있다. 이 그림은 고사화의 소경 인물화 구도를 차용하여 촌부를 그려 넣은 상주(像主)의 변신을 통해 향촌의 생업 광경을 나타낸 의의를 지닌다. 이러한 제재와 구성법은 남종화법이 좀 더 가미되면서 김두량과 심사정 등으로 이어졌다.

그러나 여속(女俗)과 승속(僧俗)을 포함한 시정의 '인정물태(人情物態)'와 세속사 전반을 간결하면서도 정확한 신감각의 담채 소묘풍으로 나타내면서 이 시기 풍속화를 새로운 방향으로 개척한 인물은 조영석이었다. 그의 풍속화는 '즉물사진(卽物寫眞)'을 중시한 자신의 자득적 창작 태도에 따라 실물을 직접 보고 묘사했기 때문에 〈바느질〉(도 51)과 〈새참〉 등에서 볼 수 있듯이 유탄(柳炭)으로 밑그림을 그리고 먹 선으로 나타낸 소묘풍의 약화(略畫)이지만 생생한 현실감을 자아낸다. 구도에서는 소경 인물화의 나무를 배경으로 구성된 수하식(樹下式)과 새로운 경향의 무배경식을 이용하였다. 무배경 구도의 경우도 인물 중심의 짜임새 있는 구성으로 삽화나 초본이 아닌 회화로서의 격조를 띠고 있으며, 김홍도의 《풍속화첩》으로 계승되었다. 그리고 그는 운치 있는 문사들의 눈 속의 방문 광경을 그린 〈설중방우도(雪中訪友圖)〉에서처럼 세밀한 필묵으로 격식을 갖춘 작품을 남기기도 했는데, 이러한 화풍

도 51. 조영석 〈바느질〉 조선 18세기 전반, 종이에 수묵담채, 22.5×27cm, 개인 소장

은 강희언의 《사인삼경첩(士人三景帖)》으로 이어졌다.

정조기에는 화원 화가들에 의해 풍속화 제작이 활발해졌고, 지방에서도 사랑방 장식용으로 사용했을 정도로 확산되었다. 1790년 무렵 집필된 강이천의 「한경사(漢京詞)」에 의하면 한양의 번화가에서 파는 그림들 가운데 도화서 명수들의 풍속도가 살아 있는 것처럼 신묘하게 그려져 있어 많은 사람들이 탐닉한다고 했다. 정조기와 순조기(1801~1834)의 규장각 자비대령 화원의 녹취재 화과에 '속화과'를 두었던 것은 공적 수요의 증가와 관련이 있었을 것이다. 풍속화는 규장각 궁정 화가들의 시험과목으로 채택될 정도로 성행하였다(강관식, 2001).

풍속화에서의 공식적인 수요는 영조도 정치적 교화의 차원에서 백성들의 맡은 임무나 재능을 사민월령류 그림으로 제작하게 한 바 있고 규장각 자비대령 화원의 녹취재 화제로 미루어 볼 때, 이 분야 본연의 감계와 태평성세를 선양하기 위한 용도로 제작되었던 것으로 생각된다. 이에 비해 민간 수요는 당시 패관소품류의 성행과 같은 맥락에서 이루어진 것으로 보인다. 세간에서 완상되던 풍속화도 공적인 것과 마찬가지로 경직풍속도와 한양의 번창과 상업적 발달상을 다룬 도시 풍속류가 대종을 이루었다. 그러나 공식적 풍속화로는 잘 제작되지 않았던 도시적 행락과 유흥의 행태를 묘사한 시정 풍속도가 이 무렵부터 대두되어 적지 않게 그려지기 시작했다. 이러한 시정 풍속류는 기술직 중인을 비롯한 아전·서리배와 시전 상인들의 경제적 부를 토대로 크게 조성된 소비와 향락 풍조를 배경으로 전개되었다. 그리고 도시 유흥과 관련된 노름과 연희 등의 '이속지사(俚俗之事)'와 기방과 기녀 및 여색을 소재로 한 작품에서 남녀간의 정념과 성애 장면을 노골적으로 묘사한 춘화류의 성풍속도로까지 발전하였다(홍선표, 1999).

이 시기의 풍속화는 정조의 각별한 사랑과 문사 관료 및 여항 부호들의 후원을 받으며 활약한 단원 김홍도에 의해 주도되었다. 그는 이미 30대에 당대 최고의 풍속화가로 손꼽혔다. 당시 감평의 일인자였던 강세황은 그를 "조선조 400년만의 놀랄 만한 솜씨로 풍속에 더욱 뛰어나, 그릴 때마다 구경꾼이 손뼉을 치며 신기하다고 부르짖지 않는 사람이 없을 정도로 절륜하다"고 평하였다. 김홍도는 각 계층 사람들의 일상사와 생업의 장면, 세시풍속과 통과의례 광경, 그리고 시중의 유희잡사에 이르기까지 다양한 제재를 즐겨 다루었다. 그의 풍속도들은 운율이 배어 있는 필선을 사용하여 소탈하면서도 익살스러운 인물들이 펼치는 삶의 정경을 흥겹게 표현한 특징을 지닌다(오주석, 1998). 악공들의 연주에 맞추어 춤을 추는 동자의 모습을 그린 〈무동〉(도 52)은 김홍도의 《풍속화첩》 중에서도 명품에 속한다. 무배경에 인물 중심으로 짜여진 구도도 훌륭하지

도 52. 김홍도 〈무동〉 조선 18세기 말엽, 종이에 수묵담채, 27×22.7cm, 국립중앙박물관

만 흥에 겨운 연주자와 공연자의 표정 또한 생동감이 넘친다. 숨가쁘게 고조되는 풍악에 맞추어 춤추며 돌아가는 무동의 옷자락에도 신바람이 이는 것 같다.

김홍도의 병풍류와 화첩류 풍속화풍은 화원들의 전범을 이루면서 김득신(1754~1822)을 비롯하여 김양기와 신윤복 · 김후신 · 유숙 등으로 계승되었고, 민화에까지 영향을 미쳤다. 그중에서도 김득신의 〈파적〉은 김홍도의 후기 양식에 기반을 두면서도 등장인물과 동물의 심리 묘사, 상황의 극적인 처리를 통해 갈등하는 시대상을 반영한 풍자 의식을 엿볼 수 있다.

혜원 신윤복(18세기 후반~19세기 초)은 어용화사를 지낸 아버지 신한평(1726~?)의 풍속화와 김홍도 화풍의 영향을 부분적으로 수용하면서도 주제와 구성 방식, 인물 화법, 채색법 등에서 새로운 개성을 선보였다. 신윤복에 대한 동시대의 기록은 성호 이익의 손자인 이구환(1731~1784)이 찬술한 『청구화사』에서의 언급이 유일하다. 이 기록에 의하면 신윤복은 "마치 방외인(方外人) 같고 여항인들과 교유하며 동가식서가숙하면서 지낸다"고 하였다. 어용화사의 아들이었지만 그가 도화서 화원이 되지 않았던 것은 제도권에 얽매이기 싫어했던 신윤복 자신의 분방한 기질에 연유되었을 가능성도 있다.

여항 화가로서의 신윤복의 작가상은 선조기의 나옹 이정이나 영조기의 최북과 비슷한 면이 많아 보인다. 이정은 이배련과 이숭효 · 이흥효로 이어진 화원 가문에서 태어났으나, 방랑벽이 있어 일정한 거처도 없이 여항 화가로 지내다가 평양에 가서 과음한 상태로 여색을 탐하다 죽었다고 전한다. 최북은 회계 관련 중인 기술직인 산원(算員) 집안 출신이었지만 여항 화가로 무절제하게 살다가 만취한 상태로 눈 속에 쓰러져 얼어 죽었다는 인물이다. 이들 모두 중인 명문에서 태어났으나 중세적인 예교 질서에서 벗어나 '방외'적으로 살면서 자신의 화풍을 이룩한 공통성을 지닌다. 다른 것은 이정과 최북의 후원층이 사대부들이었다면 신윤복의 작품 수요층은 주로 여항인들이었을 것이라는 점이다.

아마도 신윤복 풍속화의 주류를 이루면서 독자적인 것이 기녀나 기방 풍속을 다룬 것이기 때문에 이 시기의 유흥 문화를 주도하던 아전서리를 비롯한 부유한 중서층이 주요 고객이 아니었나 싶다. 『송계만록』 등에 의하면 경아전들은 기생을 데리고 밤새 놀면서 정사를 벌이는 것을 태평성세의 일로 자랑했는가 하면, 북경 역관으로 유명한 이상적은 신윤복의 서명과 도인이 있는(그의 전칭작) 춘화인 《건곤일회첩(乾坤一會帖)》을 구해 수장인을 찍고 발문을 쓰면서 "빼어난 여색을 접할 수 있는 천재가화(千載佳話=영원히 아름답고 재미있는 이야기)로, 매일 여인의 품속으로 들어갈 수 있으니 원나라 순제의 풍정도 부럽지 않다"고 하였다.

신윤복 자신도 당시 중서층 중심으로 조성된 소비 호사 문화와 향락적 풍류 · 유흥 문화의 현장에서 이들처럼 기방이나 색주가를 전전하며 창작 활동을 했을지도 모른다. '혜초 정원'이란 의미를 지닌 그의 호 '혜원(蕙園)'도 이러한 유흥 문화와 관련이 있을 것으로 생각된다. '혜원'은 당나라의 이단 시인 이하(李賀)의 색정 시 「야음조면곡(夜飮早眠曲)」(밤새 마시고 아침이 되어 자는 노래)」에서 나온 것으로, 기생집인 청루(靑樓)를 뜻하는 것이 아닌가 싶다. '삿갓 쓴 남자[笠父]'라는 의미인 신윤복의 자(字) 역시 '동가식서가숙'하던 그의 모습을 담고 있는 것 같다.

신윤복의 작품 세계는 다양하지만 그를 유명하게 만든 대표작은 간송미술관 소장의 《혜원전신첩》과 〈미인도〉일 것이다. 30점의 그림이 수록되어 있는 《혜원전신첩》은 대부분 당시의 유흥 · 향락 문화를 주도한 아전 서리층 등에 의해 기방과 기녀를 둘러싸고 전개되는 호색적인 정경을 다룬 것이다. 이러한 선정적인 경향은 시정의 속태와 여속에도 노골적으로 나타나 변화된 시대상을 실감케 한다. 또한 섬세한 필법과 곱고 화사한 청색과 홍색의 대비 효과, 등장인물의 농염한 면모 등을 통해 장면들이 정겹고 핍진하게 형용되어 있어, 낭만적인 당시 시정 생활의 멋을 예술적 감동과 함께 엿볼 수 있다.

여성들 묘사는 감정 표현을 절제하여 무표정한 형상적 특징을 지닌 당시 동아시아 미인상과 공통점이 보이기도 하고, 도상적으로는 명 말 청대 연정 소설 등의 삽화와 상통하는 면이 있기도 하다. 그러나 유려한 필묵법과 곱고 화사한 청홍색의 대비 효과, 핍진하게 형용된 등장인물의 생김새와 차림새, 그리고 꼼꼼한 배경 묘사를 통한 현장감의 생생한 재현 등은 독보적이다. 김홍도풍의 구불구불한 옷주름선이 일부 남아 있는 것이라든가 배경의 밀도 있는 묘사, 그리고 서명을 한 관서체(款署體) 등으로 보아 그의 만년작으로 추정되는 국립중앙박물관 소장 〈연당 여인〉보다 다소 앞선 시기에 그려진 것으로 생각된다.

《혜원전신첩》 중에서도 〈월하정인〉(도 53)은 신윤복 특유의 '지분기(脂粉氣)' 풍기는 염요미를 가장 잘 보여준다. 기방인 청루의 분벽사창(粉壁紗窓=호분 칠한 벽에 비단 창) 밖 골목 모퉁이에서 밀회중인 남녀를 그린 것인데, 화면에는 "달빛 침침한 야삼경(밤 12시 전후), 두 사람의 마음은 두 사람만이 알 거다"라는 제시가 적혀 있다. 기생집에서의 '야삼경'은 술 따르는 소리보다 '해군성(解裙聲)' 즉 치마 벗는 소리가 더 즐거운 시간으로, 두 사람만이 아는 정사를 나누었다는 뜻이다. 골목길의 두 남녀는 함께 정사를 나눈 후 헤어지면서 '문후기(問後期)' 즉 다시 만나 정을 나눌 것을 기약하는 모습으로 해석된다. 기녀를 나타내는 까

도 53. 신윤복 〈월하정인〉 조선 19세기 초, 종이에 수묵담채, 28.2×38.2cm, 간송미술관

만 가죽신을 신은 여인이 쓰개치마 사이로 지그시 시선을 옆으로 돌리며 몸을 틀고 있는 교태어린 모습에서 정욕의 대상으로 형성된 새로운 미인상의 출현을 엿볼 수 있다. 밀회하는 남녀의 도상 자체는 1616년 청대에 간행된 《청루운어》의 삽화와 유사하지만 은근히 내리깐 선정적인 눈매와 작고 도톰한 입술에 계란형의 염요한 이미지는 당시 중서층의 향락 풍조와 밀착된 기방 풍류의 유흥 분위기를 물씬 풍긴다(홍선표, 2014).

〈미인도〉(도 54)는 한국 회화사의 가장 빛나는 미인화로, 청수하면서도 관능적인 이미지가 돋보이는 걸작이다. 소매통이 좁고 짧은 삼회장의 연미색 저고리에 속으로 무지기를 받쳐 입어 배추 포기처럼 풍성하게 부

도 54. 신윤복 〈미인도〉 조선 19세기 초, 비단에 채색, 114×45.2cm, 간송미술관

푼 옥색 치마와 짙고 커다란 트레머리의 조화에서 작가의 탁월한 표현력과 함께 형사적 전신(傳神)의 진수를 보여준다. 이와 같이 인물의 전체 모습을 무배경의 화면에 서 있는 자세로 나타낸 미인 입상은 일본에서 최상급 기녀인 타유(太夫)의 초상을 그릴 때 사용했던 방법으로, 에도시대의 호사가들이 마치 산수화에서의 와유물처럼 애완했듯이 그와 비슷한 용도로 그려진 것은 아닌지 모르겠다. 화면 상단 왼쪽으로 써 넣은 제시로 보아 노리개와 옷고름을 만지작거리고 있는 그림 속의 인물은 신윤복의 기생 연인일 가능성도 있다.

궁중 장식화의 유형과 특징

조선시대의 궁중 장식화는 경복궁과 창덕궁을 비롯한 각 궁궐의 정전과 편전, 내전 및 침전, 크고 작은 궁문 등의 주거 장소와 왕실의 오례를 거행하는 의례 장소로 나누어 살펴볼 수 있다(홍선표, 2014). 정전은 국가적인 대사를 집정하는 궁궐의 중심 건물로, 천장 상단 중앙에 별도의 작은 공간인 감(龕)을 마련하고 나무로 조각된 쌍룡을 채색하여 감입하였다. 왕이 남쪽을 향해 임석하는 어좌는 여러 개의 층계 위에 별도로 설치된 당가(唐家)에 위치하며 그 뒤편 장자(障子)에 '오봉병(五峯屛)'을 설치했다(도 55). 하늘과 땅, 물을 각각 상징하는 해와 달과 오악 및 붉은 소나무와 물결로 구성된 오봉병풍은 짙고 화려한 5채와 고식의 도안풍 형상에 의해 강렬한 형식미를 보여준다(김홍남, 2009).

어좌용 오봉병풍은 선조 연간의 조선 중기 무렵부터 본격적으로 사용한 것 같다. 조선 초기의 어좌용 병장(屛障)에 대해서는 알려져 있지 않지만 세종조에 왕의 임종시 '보의(黼扆)'를 사용했던 것으로 보아 고려

도 55. 창덕궁 인정전의 오봉병 조선 19세기

의 전통을 따랐던 것이 아닌가 싶다. 조선 중기 이후로 오봉병풍은 궁궐의 실내외나 궁 밖, 또는 왕이 거동하여 임석한 자리에는 삽병(揷屛)이나 병풍의 형태로 반드시 배치되었고 왕비나 세자의 공식적인 행사 좌석에도 간혹 사용되었다. 그리고 역대 왕들의 어진을 봉안하는 선원전 등에도 '모란병'과 '해반도병(海蟠桃屛)', '매화장자'와 함께 진설되었다. 오봉병풍은 상례(喪禮) 때 빈전과 혼전에 설치되었는데, 상례용은 해와 달을 그려 넣지 않고 금속의 '일월경(日月鏡)'을 걸다가 18세기 무렵부터 금니와 은니로 묘사했다고 한다.

신하들과 정사를 의논하거나 경전을 비롯한 고전을 토론하는 등 경세제민의 '치조(治朝)' 공간인 편전에는 주로 백성의 생업에 관한 '빈풍도'나 '경직도', 중국의 옛 성현이나 훌륭한 군왕들과 관련된 '향산구로도(香山九老圖)'와 '문왕문침도(文王問寢圖)', '삼고초려도(三顧草廬圖)' 등의 고사인물화 병풍들을 항상 눈으로 보고 깨닫기 위해 관성용(觀省用)으로 배설하였다. 정조는 학문의 중요성을 일깨우고 장려하기 위해 좌우에 '책가도' 병풍을 두기도 했다.

내전 및 침전은 왕실 여성들의 처소이며 왕의 휴식처이기도 했지만, 잠시도 치도의 본분을 잊고 안일에 빠져서는 안 된다는 '무일' 정신에 의해 본받을 만한 중국의 역대 왕이나 왕후의 행적을 그린 병풍을 비롯해, 잠언을 쓴 '계병(戒屛)'이나 '금전병(金箋屛)'을 배설했다. 세조 비는 '사민도'를 벽에 걸기도 했으며 왕세자의 침전에는 '효자도' 병풍을 상설하기도 했고, 명종은 퇴계 이황의 학문을 존경하여 그의 은거처를 그린 '도산도' 병풍을 침전에 세워두고 늘 보았다고 한다.

그러나 침전은 보다 다양한 그림으로 치장하여 공적이면서 사적인 거주 공간으로 연출되었다. 순조때 침전의 경우, 어좌 뒤의 북벽에는 서왕

모가 사는 곤륜산의 요지궁을 방문한 주나라 목왕을 맞이하여 베푼 연회 장면을 그린 10첩 '요지연병풍'을 배치하고, 서남편 벽에 산수도 족자를 걸어 상서롭고 탈속적인 공간으로 꾸몄다. 정침 동벽에는 '모란병풍'을 세우고, 북벽에 '9봉도(九鳳圖)'를 붙였으며, 침소에는 '매화병풍'과 '죽엽병풍'을 치고 '매죽도'를 걸었다. 좌우의 여러 협실도 7학을 그린 '금병'과 '선인' 및 '비룡' 그림과 화조도로 치장했다고 한다(홍선표, 2014).

궁궐의 여러 대문에는 앞서도 언급했듯이 삼국시대부터 시행되었던 궁중 나례에서 유래된 문신을 그려 붙였다. 재액을 막기 위한 벽사용으로 정초에 붙여진 이러한 궁중의 문배 또는 문비 그림인 문화는 중국의 나례신인 종규와 신라의 구역신인 처용에서 조선 후기 무렵 갑옷과 투구 차림의 당나라 장군 위지공(尉遲恭)과 진경(秦瓊)의 화상으로 바뀌었다.

왕실 의례 행사장에는 가례의 경우, 장수의 상징인 높이가 3m가 넘는 궁화풍의 '십장생대병'을 비롯해 '모란병'과 '연화병' 등을 치다가, 조선 말기부터 다복한 삶과 다남을 상징하는 '곽분양행락병'(도 56)과 '백자병(百子屛)'도 사용하였다. 왕비나 왕대비가 주빈이 되는 수연 등의 궁중 내연에는 '십장생병'과 화조도 병풍을 치기도 하였다(도 57). 상례때 빈전에는 '오색모란병'과 흰종이만 바른 '소병(素屛)'을 설치했으며, 3년상을 지내는 혼전(魂殿)은 오색모란병풍과 함께 신어(神御) 봉안처에 오봉병풍을 배설하였다. 오봉병풍이 어좌의 장엄물로만 사용되었다면 모란병풍은 상례를 비롯해 책봉의례와 가례 등 왕실의 크고 작은 각종 축하 행사와 침전의 장식용 등으로 폭넓게 쓰였다. 십장생도와 모란도가 고도의 양식화에 의해 공예적인 궁화풍으로 제작되었다면, 곽분양행락도와 백동자도는 공필채색의 원체풍으로 그려졌을 것이다. 그리고 통신사절단이 일본에서 선물로 받아 온 화조도 금병풍 가운데 가노 야스노부

도 56. 작가 미상 〈곽분양행락도〉 8첩 병풍 조선 19세기 중엽, 비단에 채색, 100×365.8cm, 서울역사박물관

도 57. 작가 미상 〈통명전헌종회작도〉(부분) 무신진찬도 8폭 병풍 제4장면, 비단에 채색, 각 136.1×47.6cm, 국립전주박물관

(狩野宴信)가 가을 논밭에 기러기가 내려앉는 광경을 그린 '예전안추초도(刈田雁秋草圖)' 1쌍을 왕세손 처소에 하사한 적이 있으며, 정조가 조성한 화성 행궁에는 조선 후기 최고의 화원 김홍도가 일본 금병풍을 모사한 '금계화병(金鷄畵屛)'을 두기도 했다. 삼성미술관 리움 소장의 〈금계도〉 8첩병풍은 이 때 김홍도가 모사한 작품으로 여겨진다.

한편 궁중 행사 장면을 도식적으로 그린 기록화도 조선 전기부터 많이 제작되었는데, 족자에서 화첩과 병풍 형식으로 변하였다(박정혜, 2000). 1765년 제작의 《영조을유기로연 · 경현당수작연도병》(도 58)의 경우, 기로소에 입소한 영조를 축하하기 위해 판중추부사 이정보를 비롯한 8명의 기로대신들이 왕세손을 모시고 영수각에서 의례를 행한 후 기영관에서의 진찬 장면과 경희궁의 편전인 경현당에서 즉위 41년과 여든 살을

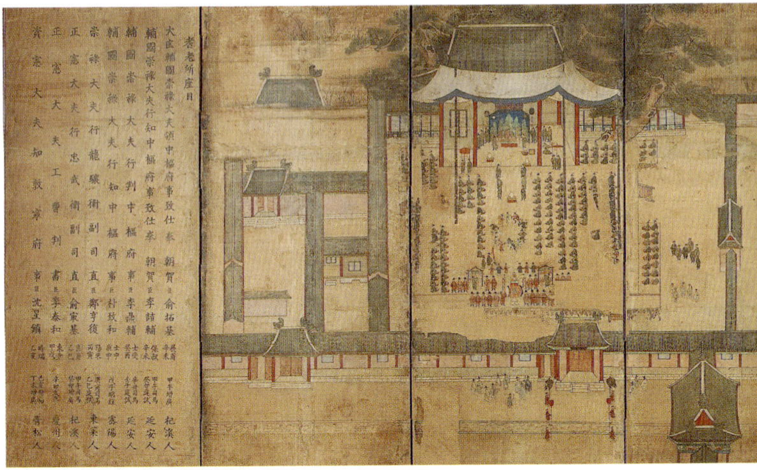

도 58. 작가 미상 〈영조을유기로연 · 경현당수작연도〉 8첩 병풍, 조선 1765년, 비단에 채색, 122.5×444.6cm, 서울역사박물관

바라본다는 뜻의 '망팔(望八)'을 맞은 것을 기념하는 행사 광경을 기록화 형식으로 그린 것이다. 첫 폭과 끝 폭에 서문과 참석자의 인적 사항을 적은 좌목을 함께 넣어 꾸몄다.

기복호사 풍조와 민화류의 범람

이 시기의 기복호사 풍조와 결부되어 가옥과 행사장을 치장하는 길상벽사적인 민화류도 크게 범람하였다. 조선 후반기의 경제 성장과 도시 번창은 숙종기 이래 사치 풍조를 만연시켰으며, 특히 중인층과 시전의 상인을 비롯한 부유한 서민들의 축재를 토대로 확대된 사치 소비 성향은 기복호사 풍조를 조장하면서 궁중과 양반가의 그림 치장을 본받아 집안

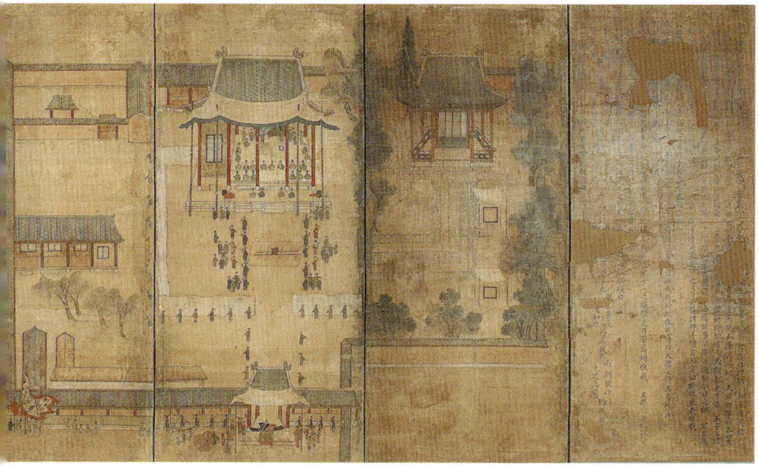

장식에도 힘을 기울이게 하였다. 이러한 여항가의 집안 장식이 가족의 번영과 평안을 기원하고 세시와 의례시의 송축과 제액을 위해 제작된 치레와 액막이 그림인 민화류를 크게 범람시키게 된다. 그리고 명 말과 청대에 길상벽사적인 그림의 수요가 전국적으로 확산되면서 연화(年畵) 등을 통해 대량 생산되고 소비되었던 풍조도 이 시기의 민화류 범람에 적지 않은 영향을 미쳤다.

여항가의 그림 치장이 본격화되었던 것은 이들 집안의 장식 풍조가 사회 문제로 거론되는 숙종 연간부터가 아닌가 싶다. 현종(재위 1660~1674) 때도 궁중의 사치함을 여항에서 따라하는 것에 대한 지적이 있었지만, 숙종 13년(1687)과 39년(1713), '중서배(中庶輩)'의 '방호채화(房戶彩畵)'가 화려해지고 있다며 조정에서 구체적으로 여항의 그림 풍속이 사치스러워지는 것을 우려한 바 있다. 그러나 이러한 여항가의 그림 치장은 기복호사 풍조와 결부되어 더욱 확산되었다. 19세기의 조선 말기에는 사대부들로부터 중서층인 아전서리가 사는 곳이 재상가에 못지않게 그림과 완물들로 치장되어 있어 유행 탓에 풍속을 버렸다는 비난을 받기도 했다.

여항가의 그림 치장은 크게 문과 방의 장식으로 나누어 볼 수 있다. 대문과 문미(門楣), 창문 · 부엌문에는 궁중 나례에서 비롯되어 민간으로 확산되었던, 섣달 그믐에 잡귀를 문 밖으로 몰아내는 행사를 한 후 정초 새벽에 붙이는 액막이 문배 그림인 '문화'를 모방하여 치장했다. 조선 초부터 세시풍속으로 민간에서도 처용과 종규, 닭과 호랑이를 그려 붙였으며, 영조 25년(1749)에 사람마다 사치를 좋아하여 문배를 그려 붙인다는 비판이 나왔을 정도로 여항에서도 성행되기에 이른다. 특히 서울 사람인 '경인(京人)'들은 상하 구별 없이 본받는다고 하였다. 조선 후기에는 문그림들이 다양해져서 종규가 귀신 잡는 그림을 비롯해 백귀들이 보고 놀라서 도망갈 신도(神荼)와 울루(鬱壘), 그리고 위지공과 진경 · 관우 · 장비와 같은 중국의 용맹스러운 장군의 화상을 붙였다. 문설주 윗부분인 문미에는 주로 매 그림을, 부엌문과 부엌과 천장 사이의 다락문에는 닭과 호랑이 · 개 · 사자 등의 벽사용 동물을 그려 붙였다. 호랑이는 까치와 함께 호작도(虎鵲圖)로 그려지기도 했는데, 19세기에는 점차 도안화되면서 호랑이의 얼굴이 고양이 모습을 띠기도 했다(도 59). 이러한 변형은 당시 창궐했던 무서운 전염병인 호열자(콜레라)를 옮기는 것을 쥐 귀신으로 보고 이를 퇴치하기 위한 의도나 고양이가 동음이자(同音異字)로서 장수를 뜻했기 때문이 아니었나 싶다. 이들 그림은 해마다 새로 갈아 붙이는 소모품이었기 때문에 현재 전하는 유물이 극히 드물다(홍선

도 59. 작가 미상 〈까치호랑이〉 조선 19세기, 종이에 수묵담채, 91.7×54.8cm, 삼성미술관 리움

표, 1999).

현존하는 민화류의 대종을 이루고 있는 것은 방안을 꾸미는 실내 장식용이었다. 방에는 재액을 막는 벽사적인 문그림과 달리 기복과 길상적인 그림이 주류를 이루었으며 방문 사이의 벽과 벽장문 · 덧문 내부 등에는 도배지처럼 붙여 치장했고, 방안이나 방벽은 병풍과 족자로 장식했다. 기생집은 천장에도 그림 치장을 했다고 하며 병풍은 방한용과 각종 통과 의례를 비롯한 행사장의 장식용으로도 많이 쓰였고, 개화기 이후에는 기념 촬영 때 배경으로도 사용되었다.

방은 여성 주인이 거주하는 안방과 남성 주인의 처소인 사랑방으로 분류되며 치장하는 그림도 달랐다. 안방은 화조도와 초충도 · 화훼도가 주류를 이루었고(도 60), 신부방에는 시집 올 때 혼수품으로 가져온 다남을 기원하는 '백자도병풍'을 쳤다. 자녀방에는 윤리덕목을 강조한 '효제문자도병풍'(도 61)을 두기도 했다. 이러한 문자도는 일본에도 알려져 에도 후기의 문인 화가 다니분 죠오(谷文晁)가 그 특이함에 대해 언급한 바 있다. 사랑방은 산수도 병풍이나 족자를 비롯해 각종 고사도와 '신선도' '금강산도' '호렵도' '문방도' 및 '책거리' 병풍으로 치장했으며, 드물게 '미인도'도 걸어 놓았다. 가옥의 북벽에는 '십장생도'를, 남벽에는 '상산사호도'를 그려 넣기도 했고, 벽장문에는 필통 그림과 같은 문방도를 붙이기도 했다.

여항가의 그림 치장 풍조는 조선 말기를 통해 서민층 일반으로 저변화되고 또 전국적으로 확산되었으며, 이러한 성행은 1930년대까지 지속되었다. 이와 같이 주거 치장용 그림의 수요가 급증함에 따라 이를 공급하기 위해 종이와 도배지 등을 팔던 지전(紙廛)과 더불어 한양의 중심가인 광통교 부근에 '병풍전'과 같은 전문적인 상점들이 생겼고, 연말 연초의

도 60. 작가 미상 〈초충도〉 조선 19세기, 종이에 채색, 90.4×37.2cm, 개인 소장

도 61. 작가 미상 〈효제문자도〉('효') 조선 19세기, 종이에 채색, 77×39cm, 일본 民藝館

특수를 노려 종각 근처에 임시 가게가 등장하기도 했다.

궁중과 양반가, 중인 및 상인 부유층 여항가의 치장 그림은 도화서나 이곳 출신의 화원들이 원체화풍의 공필채색법으로 제작한 고급 민화류를 주로 사용했다면, 일반 서민들은 '속사배(俗師輩)'와 '지전배'로도 지칭되던 '환쟁이[幻匠人]'들이 그린 하수품을 소비했다. '환쟁이' 그림은 19세기 중엽경 이규경이 『오주연문장전산고』에서 "화가가 뜻도 잘 모르고 그린 것을 일반 여염가의 병풍과 벽에 상투적으로 붙이는 것"이라고 기술했던 것으로 '속화'로도 불리던 것이다. 1902년 서울에 왔던 프랑스와 이태리 외교관의 견문기에 서술된, 종로통의 지전에서 몇 전만 주면 살 수 있고 어느 집에나 비슷하게 걸려 있는 '복제화(複製畵)' 같은 그림들 즉, "서민들이 방을 훤하게 하기 위해 붙이는 벽지용 그림"과 "문짝에 붙여 놓으면 악귀를 내쫓는 그림"도 '환쟁이'들이 그린 것이었다. 이와 같이 '환쟁이'가 그린 서민용 그림들이 야나기 무네요시(柳宗悅)가 '민화'라고 이름을 붙인 것이다.

민화류의 반복적이고 과장된 형상과 파격적인 구성은 원체풍의 권위적인 질서를 해체하고 저항하는 민중 의식도, 서구 모더니즘의 순수한 원시주의 조형 의식의 소산도 아니다. 서민층으로 확산되면서 주술적 벽사성과 기복적인 길상성 욕구의 과잉과 노골화에 따른 것이고, 명 말 이래 경덕진(景德鎭)의 민간 가마에서 만든 도자기 문양과 유사한 것도 많다. 민화류 그림은 전국으로 확산되면서 제주도를 비롯해 각 지방별로 지역적인 특징을 나타내기도 했다(홍선표, 2014).

도 62. 전기 〈연화도〉 조선 19세기 전반, 종이에 수묵담채, 17.3×22cm, 국립중앙박물관

화훼 잡화류의 유행과 신감각

19세기 화단에서는 고도의 사의적 경향과 서화 치장의 호사 취미, 박물 잡학에 대한 관심의 증대 등과 결부되어 사군자와 모란 · 연꽃을 비롯하여 백합과 작약 · 수국 · 옥잠화 등과 어해 · 과일 · 문방 기물 등의 각종 화훼 잡화류가 유행하였다. 이러한 추이는 18세기 이후 동아시아 서화계의 중심 장르가 산수화에서 화훼 잡화류로 교체되는 변화와도 관련이 있다. 금석기의 '문자향'이 배합된 일격풍(逸格風)의 필묵미와 장식적인 색채미를 추구하면서 18세기 청나라 양주화파 이래의 참신하고 독창적인 화풍들을 부분적으로 수용하여 신감각의 심미적인 회화 세계를 이루었다.

자연과 합일된 작가 가슴속의 빼어난 내면성을 사물의 본체적 이미지로 나타내고자 한 문인화의 사의적 전신 또는 주관적 사의와 결부된 수묵담채풍의 간일한 경향은 주로 추사파의 여항 문인 화가들에 의해 주도되었으며, 필묵미 자체의 조형을 실험하면서 극도의 표현적인 필치로 새로운 감각을 보였다. 마음 내키는 대로 붓질하여 일격풍의 '기격(奇格)'을 이룬 조희룡은 홍색과 백색의 담채풍 매화로 파격적인 구도와 함께 새로운 조형세계를 추구했으며, 김수철은 화선지에 작은 금은박을 붙인 냉금지(冷金紙)의 마티에르 효과를 이용하고 필묵의 투명한 질감과 산뜻한 담채의 효과를 발휘하며 연꽃과 백합 · 나리 등을 즐겨 그렸다.

전기의 〈연화도〉(도 62)는 하나의 연꽃과 연잎을 대각선상에서 대칭을 이루게 배치한 구성이나 이를 선묘와 몰골, 마른 붓과 젖은 붓의 필묵미로 대비시킨 것이 기발하다. 방일하면서도 농축된 붓질은 고도의 사의성을 반영하고 있으며, 왼쪽 꽃잎 끝에 살짝 가해진 자색의 연지는 감각미의 극치를 보여준다. 진도 출신으로 김정희의 예술 세계를 따랐던 허련(1809~1892)은 모든 분야의 그림에 통달했지만, 산수화와 함께 화훼 괴석류에 특히 뛰어났다. 그의 〈괴석도〉(도 63)는 기이한 형태와 함께 붓 끝이 닳아 뭉툭하게 된 성글고 거친 독필의 필묵풍과 담채의 초솔한 효과가 돋보인다. 백은배(1820~1900)의 《산수인물화훼첩》에 수록된 작품(도 64)들은 담채의 맑고 투명한 청신함을 감각적으로 구사하여 마치 현대 수채화를 보는 것처럼 참신하다.

신명연(1809~1886)과 남계우(1811~1888) · 이교익(1815~1873) 등의 문인 화가들에 의해 다루어진 호랑나비 그림들은 정교한 묘사력과 함께 색채미를 통해 새로운 감각을 추구했다. 길상적 상징성을 지닌 괴석풍의 바위와 화훼를 화면 하단에 편각으로 배치하고 그 위로 화려한 호랑나비떼를 박물도의 정밀 묘사를 연상시킬 만큼 세밀하게 그려 넣은 것이 주류를 이루었으며, 설채와 사실력 모두 아름답고 뛰어나다. 조개류만을 모아 그린 신명연의 「방합도」(도 65)도 신감각의 사실성과 장식성이 돋보이는 작품으로 주목된다. 화원 화가인 이형록

도 63. 허련 〈괴석도〉 조선 19세기 후반, 종이에 수묵담채, 137×30cm, 개인 소장

도 64. 백은배 〈연와도〉 조선 19세기 후반, 종이에 담채, 23.8×14.9cm, 국립중앙박물관

도 65. 신명연 〈방합도〉 조선 19세기 후반, 비단에 담채, 16×31cm, 개인 소장

도 66. 박기준 〈백선도〉
(8첩 병풍 중 2폭)
조선 19세기 후반,
비단에 채색, 94.5×41cm,
삼성미술관 리움

(1808~?)과 박기준의 문방책가도 병풍과 함께 부채 그림을 화면에 그려 넣은 선면화 병풍(도 66)은 조선시대 문사들의 문방청공 및 고동서화 애호 풍조가 19세기에 이르러 호사 취미로 확산되고, 백과전서적 박물학풍이 심미적 취향과 결합하여 유행된 것으로 보인다.

Ⅵ. 근대 이후의 전통 회화

'서세동점'의 세계사적 대세 속에서도 전통 제도의 인습성과 서구 문화에 대한 우월의식으로 쇄국을 고수하던 조선 왕조는 근대 일본의 타력에 의해 '개항'을 하게 되고 자본주의 세계 시장의 주변부로 편입되었으며, 중세적인 책봉 체제에서 벗어나 근대화의 길을 걷게 된다. 특히 청일전쟁으로 중세적인 '천하' 질서가 붕괴되면서, 1894년 고종의 '독립서고(獨立誓告)'와 더불어 근대적인 '국민국가'로의 체제 개혁을 역사적 과업으로 추진하기 시작했다. 그리고 서구의 근대적 프로젝트인 '문명 개화'로의 전환을 공론화하며 개화기를 열었던 것이다.

오원(吾園)양식의 풍미

'동도서기'의 분립적 추구에 의해 '동도'의 고수와 보존 차원에서 서화 시대를 연장 또는 확장시킨 개화기의 서화계는 1880년대를 전후하여 두각을 나타내면서 당대 제일의 '신품(神品)' 화가로 찬사 받은 오원(吾園) 장승업(1843~1897)의 탁월한 기량을 통해 형성된 오원양식이 주류를 이루었다. 장승업은 지금의 서울 당주동 부근인 야주개에서 민화류 제작에 종사하던 '지전배(紙廛輩)' 출신으로 여겨진다. 환쟁이로 불리던 지전배 출신의 장승업이 그림으로 "한 세상을 진동[鳴一世]"시킬 수 있었던 것은 서화 후원층으로 성장한 중국어 역관들의 후견에 힘입은 바 크다.

장승업이 초기의 후원자인 변원규 · 이응헌 등과 관계를 맺기 시작한 것은 1860년대 말에서 1870년대 초 무렵으로 생각된다. 먼저 청나라와의 서화금석 교류에 중요한 역할을 했던 중국어 역관 이상적(1804~1865)의 사위인 이응헌과의 관계를 통해 고금의 작품을 접하게 되고, 남부 중촌에 살면서 이들과 가깝게 지낸 역관 집안 출신인 유숙(1827~1873)과 같은 일급 화원 화가의 지도를 받으면서 지전배에서 고급 수요를 위한 여항 화사로 급성장하게 된 것으로 보인다.

황현(1855~1910)의 증언에 의하면 1880년대 전반경에 이미 장승업 그림은 '근대 신품'으로 전국적인 명성을 누리고 있었고, 세도가나 부귀가 등 '유력자'가 아니면 가질 수 없을 만큼 귀한 것이었다고 한다. 직업 화가의 신화를 이룬 장승업의 일화 중 가장 유명한, 고종의 명을 받고 궁중에서 그림을 그리다 탈주했다고 하는 이야기도 민영환이 도승지로 있던 1884년경 무렵이 아닌가 싶다. 실제로는 이 때 '대령화원'으로 발탁되어 왕실용 세화(歲畵)인 〈남극노인도〉(간송미술관 소장) 등을 그렸으며, 그 공로로 정6품 감찰직을 제수 받고 이후에는 중인 관료들이 입던 녹청색 창의 차림으로 다녔다고 전한다.

장승업은 조선 후기 이래 성행한 관학화된 형식미의 남종화풍과 간일 · 소산한 예황법(倪黃法)의 고답적인 문인 산수화풍도 구사했다. 그러나 그의 미술사적 의의는 금융 교역 도시로서의 번영을 배경으로 동아시아 서화계의 중심지로 급부상한 상해에서 석판 인쇄술 등에 의해 대량 발간된 최신 화보를 비롯해, 새로운 부유층 중심으로 취향화된 상고(尙古) 길상적이고 장식적이며 환술적(幻術的)인 화제와 화풍을 가장 먼저 수용하여 특유의 오원양식을 이룩한 것이다. 상해의 신문물은 1876년 개항 이후, 조선과 청나라의 교역항으로 발전한 인천과 상해를 거점으로 네트워크 경영을 시작한 청나라 상인들의 진출로 유입되기 시작했다. 이는 1882년 임오군란 이후 인천 · 상해 간의 정기선이 운항되고, 광통교에서 관수교 사이의 중촌에 청국 상인들의 상권이 형성되면서 급증했던 것이다. 장승업의 별호인 '오원'도 19세기 초 상해의 고성인 오원(吾園)에서 결성된 '오원서화집회'에서 유래된 것이 아닌가 싶다. 그의 이러한 화풍은 개화기의 인기 양식으로서 유행을 선도하였다(홍선표, 1999).

장승업의 명성을 "온 세상에 드날리게 했다"고 하는 '영모화초'류와 "수요자가 많아 다작(多作)했다"는 '절지기완(折枝器玩)'류, 기이한 이미지의 신선도들과 흰색 호분을 덧칠한 당분법(撞粉法) 등의 장식성과 환술적인 기이한 형태, 고전성의 과장 등은 통속적 공간인 도시의 길상 치레적인 시정 취향 및 미감과 결부되어 상해 화단에서 재생산된 것과 서로 통한다. 맹금류의 상징적 포즈인 다리를 하나 들고 높은 가지에 앉아 있는 매 그림과 갈대밭으로 날아드는 머리가 큰 기러기를 그린 노안도(蘆雁圖), 화훼 및 영모류 등을 폭이 좁고 긴 협장한 각 화면에 병치시킨 잡화병과 함께 김용준이 『근원수필』에서 처음 명명한 '기명절지도(器皿折枝圖)'는 장승업이 개화기 이후의 근대 서화계에 유행시킨 화목이다. 특히 장승업의 〈기명절지도〉(도 67)는 조선 후 · 말기의 문방책가도와 책거리 그림, 청공도(淸供圖) · 병화도(甁花圖) 및 어해소과(魚蟹蔬果)류의 제재가 결합된 것으로 상해파 화가들의 신경향인 '화훼박고도(花卉博古圖)'의 도상과 구도 · 음영법 · 담채법 등을 수용하여 발전시킨도 67. 장승업 〈기명절지도〉(8첩병풍 중 1폭)　19세기 말, 종이에 수묵담채, 각 폭 134×33cm, 개인 소장

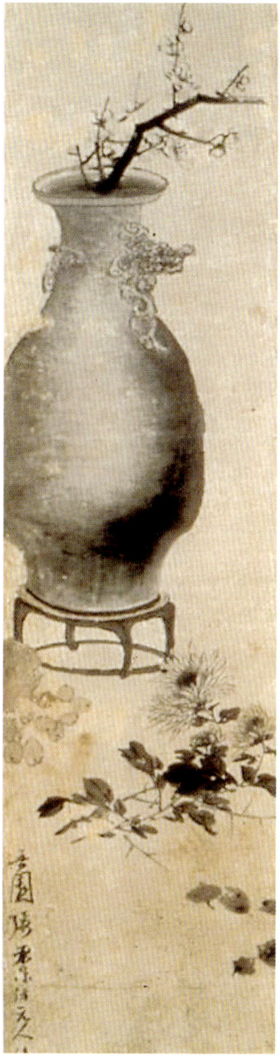

것이다.

장승업의 신선도를 비롯한 인물화의 '기고(奇古)' 이미지는 나한도의 선월(禪月) 양식에서 명대의 진홍수(陳洪綬)를 거쳐 양주화파와 상해화파로 이어져 온 '괴기상'을 일정하게 반영하고 있다. 장승업 〈쌍마인물도〉(도 68)의 말 표면에 구사된 흰색 호분을 덧칠한 당분법과 상단 나뭇가지의 번지기 기법도 시각적 흥취와 장식적 효과를 위해 상해파 화가들이 즐겨 사용한 것이다. 삼성미술관 리움 소장인 그의 〈홍백매도〉 병풍은 조선 말기의 조희룡과 유숙 등의 크고 화려한 신감각 화훼류인 홍백색의 매화 그림의 전통적 맥락에서 이러한 조형 감각을 가미하여 더욱 활기차고 강렬하게 그려 낸 걸작이다.

오원양식의 풍미는 여흥 민씨를 비롯한 세도가들의 수요도 작용했지만 무엇보다 재부를 축적한 역관 등의 중서층과 상인 부유층에 의해 번성해진 청계천 주변 중촌의 도시화를 배경으로 확대된 시정 예술 및 기복호사 풍조에 기인된 바 크다. 장승업의 화실인 '육교화방(六橋畵舫)'은 광통교 주변의 남부 중촌에 있었다(홍선표, 1999). 청계천의 여섯 번째 다리라는 뜻에서 육교로도 불리던 광통교는 남대문에서 종각으로 이어지는 중심 통로이며 도성에서 가장 큰 다리로 통행량도 제일 많았다. 그 주변은 최고의 번화가였고 술집이 많은 유흥가로 돈 많은 상인층인 '상고부인(商高富人)'들이 살던 부촌이면서 북경 역관들의 세거지였다. 그리고 도화서와 병풍전을 비롯하여 개화기의 서화포와 광통관 등이 있던 조선 후기 이래 서화 제작과 유통의 중심지였으며, 1882년 임오군란 이후 청나라 상인들의 집거지이기도 했다.

신흥 상해 화단의 최신 경향을 공유하면서 심화시킨 오원양식의 상고성과 길상성·장식성 등은 이러한 시정 예술 발흥의 중심 공간에서 이

도 68. 장승업 〈쌍마인물도〉(부분) 19세기 말, 비단에 수묵채색, 124×33.6cm, 고려대박물관

들 새로운 소비층의 호사 취향과 기복 욕구에 상합되어 성행된 것이다. 그리고 오원양식의 과장된 고전성과 함께 초현실적 환상성 등은 개화기의 격동 속에서 '기람(奇覽)'과 '기담(奇談)' '기문(奇聞)'과 같이 신기하고, 기발하고, 보기 드문 것을 선호했고 위기를 구해 줄 초인의 출현을 갈망했던 격변의 시대상에 부응하는 환술적 조형으로서의 의의도 지닌다.

근대기의 국학자 안확(1886~1946)이 '신시대화의 매개자'라고 평가한 장승업의 오원양식은 양기훈(1843~1919 이후)의 노안도를 비롯해, 장승업의 육교화방을 방문한 바 있고 그를 사숙한 안중식(1861~1919)과 조석진(1853~1920)의 작품을 통해 확산되었다. 화원 집안 출신인 조석진과 여항 문인 후손인 안중식은 1881년 9월 제도사 연수생으로 선발되어 영선사(領選使)의 학도로서 중국 천진의 남국화도청(南局畵圖廳)에서 이듬해까지 기계 제도법 등을 배우고 온 후 기기창(機器廠) 등에서 근무했다. 이들은 1900년(조석진)과 1902년(조석진 · 안중식) 어용화사로 명성을 높이고 지방 군수 등을 역임한 다음, 1907년경부터 창작 활동에 전념하였다.

장승업 타계 이후의 개화기 서화계의 대가로 활약한 조석진과 안중식은 화첩이나 선면과 같은 소품 산수화에서는 예황법의 간일 소산한 소림모정(疏林茅亭)류를 그렸으며, 큰 족자나 병풍에선 정밀한 필치와 화면을 가득 채운 구도의 정형화된 고전 산수를 많이 다루었다(도 69). 고전 산수의 경우, 명 말 동기창의 그로테스크한 산수화풍을 연상시키는 오원양식의 환술적인 산 형태와 함께 칠송정시사 출신의 여항 문인 화가로 장승업과도 가깝게 교유한 김영(1837~?)의 〈산수도〉 병풍(서울역사박물관 소장) 등에서 선행 사례를 볼 수 있다. 개화기의 고전 산수화

도 69. 안중식 〈녹수음록〉 1909년, 비단에 수묵담채, 156×53cm, 개인 소장

도 70. 안중식 〈구고청향도〉 1908년, 비단에 수묵채색, 96.5×43cm, 개인 소장

풍은 원대의 왕몽과 청대 사왕(四王) 계열의 형식화된 총밀 구도와 굴곡진 파상형의 능선에 가해진 송곳니 모양의 돌기를 좀 더 세밀하게 형식화하면서 1920년대 초엽까지 유행하였다.

신선과 고사류의 인물화에서는 장승업이 처음 활용한 상해 출판의 화보류의 도상과 구도를 차용해 그리기도 했으며, 경관의 일부를 배경으로 묘사된 고전성과 길상성 짙은 인물상에 양람(洋藍)과 양홍의 새로운 수입 화학 안료를 사용하여 장식성을 강하게 나타내려 했다. 특히 살찐 안면 이미지는 관제신앙의 관운장상을 연상시키기도 한다. 길상적인 호사취미와 결부되어 많이 제작한 화훼 · 화조 · 어해 · 기명절지 등에서도 오원양식을 반영했는데, 안중식의 1908년경 작품인 〈구고청향도〉(도70)의 붉은 머리털 달린 단정학의 깃털에 하얀 호분을 덧칠한 기법은 장승업의 당분법을 따른 것이다.

이와 같이 조석진과 안중식의 화풍은 오원양식과 상해 화단의 경향을 형식적으로 심화시킨 것으로 1900년 조석진 등과 함께 어진도사에 참여하고 통신국 주사와 영선사 위원을 지낸 강필주(1860~1930년경 이후)를 비롯하여, 차세대의 대표 서화가인 이도영(1884~1933) 등에게 파급되었다. 그리고 지전과 화랑 사이의 과도기적 유통 형태였던 서화포와 서화관의 인기 양식으로도 성행하였다. 1900년대에는 안중식과 조석진의 사화숙(私畵塾)을 통해 확산되기도 했고, 이도영의 『모필화임본』과 같은 보통학교 도화 교과서에도 수록되어 유포되었다. 또한 1911년 전통 서화가의 육성을 위해 이왕직과 총독부의 재정 지원을 받아 설립된 서화미술회의 지도 양식이 되어, 1920년대 초 관전의 창설에 따라 '동양화'로 재편되면서 근대 일본의 개량 양식을 본격적으로 수용하기 직전까지 서화계의 주류를 이루었다(홍선표, 2009).

이밖에도 개화기에는 훈련원의 하급 무관직에서 출발하여 강화도 판관과 숭의묘 영건 감동 등을 지냈으며 장승업의 그림에 서명을 대필해 준 것으로 알려진 여항 문인 출신의 정학교(1832~1914)가 기이한 형태의 괴석을 새로운 감각으로 묘사하고, 이 분야에서 독보적인 명성을 얻은 바 있다. 특히 만년의 채색과 수묵담채풍의 괴석도들은 장승업의 환술적인 기태와 유사한 이미지로 길상적 상징성과 결부된 호사 취미를 반영한 것으로 생각된다. 경무관과 전환국 기사를 거친 후, 무산 군수와 참사로 13년 가까이 함경도 지방에서 지낸 지창한(1851~1921)은 간일한 수묵풍의 어해 및 화조류와 함께 치졸하면서도 장식적인 산수화와 백두산 실경도를 남겼다. 그는 손가락으로 그리는 지두화와 함께 일본의 수묵화풍을 연상시키는 감각적인 외훈법(外暈法)을 비롯해 삼출법(滲出法)과 편운법(片暈法) 등에도 능했다.

'동양화'의 탄생

오원양식이 풍미하던 개화기의 전통 회화는 1906년의 통감부 시기와 1910년부터의 총독부 시기를 통해 서양의 '아트'를 번역하기 위해 메이지정부에서 만든 관제 조어인 '미술'의 범주에서 재배치되어 '동양화'로 개편되고 서양화와 함께 공존하면서 근대적인 전시회 미술로의 전환을 도모하게 된다. 1922년 창립된 관설 전람회인 조선미전의 공모 부문 분류에 따라 서와 화의 분리를 제도화하면서 회화는 '동양화'와 '서양화'로 양립되어 미술계의 주류를 이루었을 뿐 아니라, 1920년대 말에 이르러서는 서양화가 양적 우세를 보이면서 근대미술로의 전환이 가속화된 것이다. 전통 회화인 수묵채색화는 조선화와 일본화의 공존을 모색해야 했으므로 '동양화'라는 이름으로 개조되어 중세적인 와유물과 교화물 및 장엄물에서 근대적인 전람회 창작 미술로 새로 태어나게 되었다(홍선표, 2009).

동양화로의 개조는 서화미술회 출신을 중심으로 구성된 1세대가 주도했는데, 수묵 산수와 채색 인물 · 화조 분야로 나뉘어 전개되었다. 동양화로의 개조를 의식적으로 모색하면서 전면에서 추진한 것은 제1회 조선미전이 끝난 후인 1923년 초부터였다. 1922년의 조선미전 1회전에 기존의 오원양식 산수화를 출품한 이들 동양화 1세대는 다음해부터 일변된 화풍을 보여주기 시작했다. 그중에서도 서화미술회 출신의 이상범과 노수현 · 변관식 · 이용우는 1923년 3월 초, 한국 최초의 회화 그룹인 동연사(同硏社)를 조직하고 동서 미술의 절충 또는 융합을 통해 이 분야의 개량화에 앞장섰다. 근대기 산수화 개혁의 선두주자로 부상된 이들이 집단적으로 추구한 회화 세계는 그룹을 결성한 직후에 열린 제3회 서화협회전의 출품작에서 볼 수 있다.

현재 도판 사진만 남아 있는 이상범의 〈해진 뒤〉와 변관식의 〈어느 골목〉은 제목과 제재에서 모두 기존 산수화와 획기적으로 다른 일상성과 일상경을 반영한 의의를 지닌다. 종래의 우주적 조화물인 탈속적 군자풍의 산수 경물에서 벗어나 민족(국민)의 영역인 국토의 세속적이며 향토적인 '무명 경관'(=보통 경관)을 거주자의 심미적 · 생활적 감성으로 다룬 것이다. 이상범의 1926년 작인 〈초겨울〉(도 71)에서 볼 수 있듯이 일상적이며 생활적인 현실경을 창작 주체의 시각적 사실성에 기초한 원근법과 입체법에 의해 나타낸 것으로, 수묵 풍경화인 사생적 산수화의 특성을 지닌다. 수묵 사경화의 개량 양식은 일본 신남화의 사생풍에 자극을 받으며 추진되었으며, 서화 시대에 대종을 이룬 정형 산수화가 근

도 71. 이상범 〈초겨울〉 1926년, 종이에 수묵담채, 152.8×185.6cm, 국립현대미술관

대 일본의 구남화를 습득해 온 허백련을 비롯한 호남 화맥에 의해 지속되긴 했지만 이러한 수묵 사경풍이 조선미전을 통해 크게 신장되어 근대 산수화의 주류를 이루었다.

채색 인물화와 화조화는 김은호와 최우석 · 이영일 등을 중심으로 새로운 개량화가 추진되었다. 당시 수묵 사경화가 '남화'로 분류되었다면 이들 채색 인물화와 화조화는 '일본화'로 지칭되었을 정도로 신일본화의 지류로 성행하여 조선미전의 동양화부를 주도하였다. 수묵 사경화에 비해 몇 년 앞서 개량 양식을 선보인 채색 인물화인 미인화와 화조화도 1923년부터 일본화 신파의 영향을 본격적으로 반영하기 시작했다.

김은호는 서화미술회 학생 시절부터 사진 영상식의 새로운 수법을 구사하여 초상화가로서의 명성이 높았는데, 근대적인 작가로서의 출세를 위해 공모전 등의 전시회에 메이지기의 미학적 이슈나 이상적 미의 추구와 결부되어 메이저 아트로 부각된 미인화와 화조화를 출품하였다. 김은호의 1923년 작인 〈응사〉(도 72)는 '히사시가미' 머리형과 속살이 비치는 흰색 깨끼저고리에 같은 색의 투명한 숄을 두르고 굽 있는 흰색 구두에 짧은 통치마 차림의 신여성을 그린 것으로, 당시 기생들 사이에서 유행하던 여학생 스타일을 모방한 '학생장(學生裝)'을 연상시킨다. 김은호의 이와 같은 새로운 감각의 개량 양식과 청순하게 꾸민 정태적이면서 청미한 미인상은 관전의 여성 인물상으로 오랫동안 영향을 미쳤다. 그리고 1930년대에는 전통적인 북종 원체화풍을 일부 가미하여 세밀하면서 명징한 신고전주의적인 화풍을 이룩하였다.

식민지 근대기를 통해 '동양화'로 재편되어 근대화를 추구해 온 수묵 채색화는 1945년의 8 · 15 광복으로 새로운 국면을 맞이하게 된다. 3년간의 해방 공간은 건국의 주도권 쟁탈을 위한 극심한 좌우 이념의 대립

도 72. 김은호 〈응사〉 1923년, 비단에 채색, 130×40cm, 개인 소장

과 이에 따른 미술 단체의 이합집산과 분열을 야기하는 등, 정치 과잉의 시기로 창작 활동의 부진을 초래하기도 했다. 그러나 이 시기에는 이화여대와 서울대 · 홍익대 등에 미술대학이 차례로 설립되고 동양화 전공의 대학 출신 엘리트 수묵 채색화가를 본격적으로 육성할 수 있게 되었을 뿐 아니라 민족 정기를 회복하고 민족 미술을 수립하자는 자각이 팽배해졌다(홍선표, 2009).

'한국화'의 부흥

식민지 근대 수묵 채색화로서 성립된 '동양화'의 범주에서 함께 공존해 온 '일본화'를 제거하고 '한국화'로의 정체성을 찾기 위한 현대 수묵 채색화의 노력은 1948년의 대한민국 정부 수립에 이어 발발된 1950년의 한국전쟁 종식 이후 본격화되었다. 사경화가 주도한 수묵 산수화는 조선화의 전통을 이은 민족 회화의 원류 또는 주류라는 자의식을 강화하여 한국 산천의 정취와 미감을 독특한 형식으로 담아내는 등, 전통 산수화의 근대적 변모를 다시 모색하였다.

수묵 사경화는 1950년대 후반에 이르러 국전(國展)을 중심으로 우리 것과 자기 것에 대한 자각 풍조와 결부하여 한국적인 산수화풍을 이룩하였다. 이상범의 사경 산수화는 나지막한 야산의 순박한 정취와 그곳에서 욕심 없이 살아가는 촌부의 모습을 은은한 담채와 짙은 점획의 차분한 조화와 함께 담아낸 것으로, 우리 산수 자연의 모태와 같은 향토색과 풍토미의 성공적인 구현과 함께 근대 산수화의 전형을 창출한 의의를 지닌다. 변관식은 〈외금강삼성암추색〉(도 73)에서 볼 수 있듯이, 그리움의 대상이 된 금강산을 비롯한 명승절경을 통해 한국 강산의 호방

도 73. 변관식 〈외금강삼선암추색〉 1959년, 종이에 수묵담채, 150×117cm, 개인 소장

한 풍류미를 적묵(積墨)과 파선(破線)의 힘찬 붓질에 의해 생동감 넘치는 개성을 이룩했다. 동양화 2세대에 속하는 배렴은 한국 산악의 장엄하고 수려한 연봉들을 수묵의 격조로 이상화시켰고, 이유태는 계절에 따라 변하는 명산의 비경을 정교한 세필을 사용하여 환상적으로 나타냈다.

수묵화 계열의 동양화 1~2세대들이 자신들의 창작 세계를 완성하며 꽃피운 이러한 경향은 조선 후기 실경 산수화의 위대한 전통을 계승한다는 자부심과도 결부되어 더욱 강세를 보이며 전개되었다. 특히 이상범과 변관식은 서로 대비되는 개성을 통해 각기 한국적 산수화의 새로운 전형을 이룩하고, 1970년대의 경제성장에 따른 신흥 미술 수요층의 형성과 한국학 진흥을 비롯한 한국주의에 대한 정책적 후원 등에 힘입어 상업 화랑 중심으로 일어난 '한국화' 붐을 주도하며 각광받았다. 그리고 당시 30~40대의 작가들도 이러한 사경 산수화에 참여하여 새로운 감성에 의해 한층 다양화되는 양상을 보인 바 있다.

식민지 근대기를 통해 봉건성의 타파 혹은 전통의 극복이 '일본화'를 차용한 근대 채색화에 좀 더 의존하여 시도되었다면, 수묵화 중심으로 개편된 해방 이후에는 서양화의 현대적 조형 이념과 형식을 수용하며 '신동양화 운동'으로 전개되었다. 이러한 경향은 1950년대 초반부터 김기창과 박래현 · 천경자 · 장우성 · 이응노 등 채색화 계열 2세대를 중심으로 확대되었다. 8 · 15 광복 이후 주류에서 밀려나 국전 등에서 소외된 이들은 당시 국전 동양화부를 주도하던 수묵 사경 산수화파에 대해 전통을 형식적으로 답습하는 낡은 세력이라고 비판하였다. 그들은 이를 극복하는 방안으로 전통 문인화의 사의(寫意)를 1930년대의 동양주의적 모더니즘의 관점에서 서양의 현대미술을 주관주의에 따른 표현주의 또는 추상주의로 간주하고, 큐비즘과 포비즘의 반(半)추상 양식에서 비정형의 추상 양식으로 이행한 서구의 모더니즘을 적극 수용하였다.

김기창과 박래현은 조선색의 고전적 소재와 향토색의 서민적인 제재들을 입체주의 등에 기초한 구축적인 반(半)추상 양식을 창조하는 성과를 올렸다(도 74). 이응노는 야수주의의 맥락에서 현실적이며 민족적인 소재들을 굵고 빠르고 힘찬 수묵의 붓질로 표현적인 화풍을 이룩하였다. 그리고 장우성은 신문인화의 격조와 참신한 감각의 농축된 형상을 통해 동양적인 조형미를 추구하였다. 이처럼 '한국화'의 현대화 혹은 국제화를 서구적 모더니즘의 형식을 차용하여 추진한 전위적 경향은 1960년대를 전후하여 백양회(김기창 · 김정현 · 박래현 · 이유태 · 조중현 · 천경자 등)와 묵림회(서세옥 · 권영우 · 장운상 · 전영화 · 민경갑 · 정탁영 등), 청토회(박노수 · 안상철 · 송수남 등)의 주도로 전개되었으며, 1970년대에는 국전의 동양화부에 비구상부를 신설하게 했을 정도로 확산되었다.

1980년대에 이르러 전통 회화는 비구상 계열이 자기 정체성을 잃고 서구 모더니즘의 조형 이념에 지배당한 위기 의식과 사경 산수화 계열이 국전의 권위와 화랑가의 '한국화' 붐을 기반으로 관학화와 상업주의화하는 데 대한 비판의식에서 송수남과 홍석창 · 하태진 · 문봉선 그리고 박생광과 이종상 · 황창배 등에 의해 수묵 운동과 채색 운동을 통해 주체적 발전을 모색하게 된다. 이러한 한국적 모더니즘은 1930년대의 동양주의와 신동양화론을 발전시킨 한국주의와 신한국화론에 의거하여 진정하고 고유한 한국적 특질과 미감으로 전통성과 현대성을 구현하고자 했다. 수묵의 질료적 특성과 감성을 가장 한국적인 풍토적 · 혈연적 매재로 보고 이를 통해 도시 풍경이나 현대적 풍물을 재구성하거나 천

도 74. 박래현 〈노점〉 1956년, 종이에 채색, 266×211.5cm, 국립현대미술관

지와 만물의 창생적 원상 이미지와 그 생성화육의 형상화를 시도하였다. 그리고 채색 운동은 '일본화'의 맥락에서 벗어나 민화 · 무속화 · 불화 · 벽화 등의 전통 채색화에 우리 민족 고유의 토속적인 미감과 한국적 조형의 원초성, 그리고 외래 양식에 물들지 않은 건강한 민족적 정서가 깃들어 있다고 보고 이를 통해 '한국화'의 자주적이고도 자생적인 발전을 도모하였다.

이러한 한국적 모더니즘이 88올림픽의 성공 등으로 팽배해진 한국주의에 동반하여 이념화 · 형식화되는 경향을 보이게 되자, 1990년대 중반부터 정보화 사회로의 진입과 포스트 모더니즘의 확산, 탈국민국가를 지향하는 글로벌화 등 역사적 환경의 변동에 따라 현대 수묵 채색화는 새로운 변화를 모색하게 된다. 멀티한 신세대 작가들은 '한국화'의 지나친 이념적 · 관념적 울타리와 종래의 형식적 방법론에서 벗어나 일상적 삶에 기초한 자유로운 발상으로 창의성과 다양성을 추구하기 시작한 것이다.

찾아보기

참고문헌

강관식, 『조선 후기 궁중화원 연구』, 돌베개, 2001
고연희, 『조선 후기 산수기행예술 연구』, 일지사, 2001
권영필, 『미적 상상력과 미술사학』, 문예출판사, 2000
김원용, 『한국 벽화고분』, 일지사, 1980
김일권, 『고구려 별자리와 신화』, 사계절, 2008
김호석, 『한국의 바위그림』, 문학동네, 2008
김홍남, 『중국 · 한국미술사』, 학고재. 2009
문명대, 『고려불화』(문고판), 열화당, 1991
박은경, 『조선 전기 불화연구』, 시공사, 2008
박은순, 『금강산도 연구』, 일지사, 1997
박정혜, 『조선시대 궁중기록화 연구』, 일지사, 2000
변영섭, 『표암 강세황 회화 연구』, 일지사. 1987
송희경, 『조선 후기 아회도』, 다홀미디어, 2008
안휘준, 『한국회화사』, 일지사, 1980
— , 『한국회화의 전통』, 문예출판사, 1988
— , 『몽유도원도』, 예경, 1993
— , 『한국회화사 연구』, 시공사, 2000
— , 『한국 회화의 이해』, 시공사, 2000
오광수, 『한국 현대미술사』, 열화당, 1995 개정판
오주석, 『단원 김홍도』, 열화당, 1998
유홍준, 『조선시대 화론연구』, 학고재, 1998
이내옥, 『공재 윤두서』, 시공사, 2003
이동주, 『한국회화사론』, 열화당, 1987
— , 『우리 옛그림의 아름다움』, 시공사, 1996
이성미, 『조선시대 그림속의 서양화법』, 대원사, 2000
이태호, 『조선 후기 회화의 사실정신』, 학고재, 1996
임세권, 『한국의 암각화』(문고판), 대원사, 1997
전호태, 『고구려 고분벽화 연구』, 사계절, 2000
정병모, 『한국의 풍속화』, 한길아트, 1998
정우택, 『高麗時代阿彌陀畵像の硏究』, 永田文昌堂, 1990
— , 기쿠다케 쥰이치 『고려시대의 불화』, 시공사, 1995
조선미, 『한국의 초상화』, 열화당, 1983
진준현, 『단원 김홍도 연구』, 일지사, 1999
최완수, 『겸재 정선 진경산수화 연구』, 범우사, 1994
한정희, 『한국과 중국의 회화』, 학고재, 1999
홍선표, 『조선시대회화사론』, 문예출판사, 1999
— , 『고대 동아시아의 말그림』, 마문화연구총서4, 한국마사회, 2001
— , 『한국근대미술사』, 시공사, 2009
— , 『조선회화』, 한국미술연구소CAS, 2014

홍 선 표

홍익대 대학원 미술사학과에서 한국회화사 전공
일본 규슈대 대학원 미학미술사학과에서 '근세 한일회화교류사 연구'로 문학박사
일본 문부성 일본국제문화연구센터 특별초청 연구원
문화재위원, 국립현대미술관 운영위원, 한국근대미술사학회 회장,
한국미술사학회 회장, 이화여대 대학원 미술사학과 교수 등 역임
현재 이화여대 명예교수, (사)한국미술연구소 이사장,
『미술사논단』 발행인 겸 편집인
1979년 이래 300여 편의 논고를 통하여 한국 전통 회화와 근대 회화의 통시성과
동아시아 회화와의 관계성을 연구해 오고 있다.

저서
『조선시대 회화사론』(문예출판사, 1999, 월간미술 학술대상, 문광부 우수학술도서)
『고대 동아시아의 말그림』(마문화연구총서 4, 한국마사회, 2001)
『한국근대미술사』(시공사, 2009, 한국미술저작상)
『조선회화』(한국미술연구소CAS, 2014, 우현학술상)

이화여자대학교출판부 기획 시리즈

‘우리 문화의 뿌리를 찾아서’

1. 한국사 입문 신형식 지음
2. 전통 한복의 멋-노리개 이경자 지음
3. 한국의 지붕 · 선 임석재 지음
4. 한국의 창 · 문 임석재 지음
5. 한국의 돌 · 담 · 길 임석재 지음
6. 한국의 전통 공간 임석재 지음
7. 한국의 꽃살 · 기둥 · 누각 임석재 지음
8. 우리춤 김말복 지음
9. 한국 고전여성작가의 시세계 이혜순 지음
10. 한국의 탈춤 조동일 지음
11. 한국의 전통 교육 최완기 지음
12. 한국의 풍속 : 민간 신앙 최준식 지음
13. 한국의 전통 사회 : 화폐 원유한 지음
14. 한국의 전통 공예 : 도기 나선화 지음
15. 한국의 전통 선박-한선(韓船) 최완기 지음
16. 한국의 여행 문학 김태준 지음
17. 한국의 전통 사회 : 시장 정승모 지음
18. 한국의 전통 공예 : 소반 배만실 지음
19. 조선 상류 주택의 내부 공간과 가구 최상헌 지음
20. 한국의 전통 사회 : 운송 기구 최운식 지음
21. 한국의 종교 : 불교 최준식 지음
22. 한국의 전통 과학 : 천문학 박창범 지음
23. 한국의 전통 무예 : 18기 최복규 지음
24. 한국의 풍속 : 잔치 윤서석 지음
25. 한국의 전통 마을 오홍석 지음
26. 한국의 전통 시가 김대행 지음
27. 한국의 전통 회화 홍선표 지음
28. 한국의 음식 : 김치 김숙희 지음
29. 한국의 족보(族譜) 정승모 지음
30. 한국의 문자 : 한글 박창원 지음

한국의 전통 회화

펴낸날 1판 1쇄 2009년 11월 5일 | 1판 2쇄 2016년 12월 27일
지은이 홍선표 _ **펴낸이** 권은미 _ **펴낸곳** 이화여자대학교출판문화원
주소 서울특별시 서대문구 이화여대길 52(우 03760) _ **등록** 1954년 7월 6일 제9-61호
전화 02-3277-2965(편집) 02-362-6076(마케팅) _ **팩스** 02-312-4312
전자우편 press@ewha.ac.kr _ **홈페이지** www.ewhapress.com
책임편집 정경임 _ **디자인** GNA Communications _ **찍은곳** 한영문화사

ⓒ 홍선표, 2009
ISBN 978-89-7300-853-7 04650
ISBN 978-89-7300-602-1 (세트)
값 12,000원

* 잘못된 책은 바꾸어 드립니다.